해석노동

해석노동

초판 1쇄 인쇄 ㅣ 2023년 8월 16일
초판 1쇄 발행 ㅣ 2023년 8월 25일

지은이 양정호
책임편집 손성실
편집 조성우
디자인 권월화
펴낸곳 생각비행
등록일 2010년 3월 29일 ㅣ 등록번호 제2010-000092호
주소 서울시 마포구 월드컵북로 132, 402호
전화 02) 3141-0485
팩스 02) 3141-0486
이메일 ideas0419@hanmail.net
블로그 www.ideas0419.com

책값은 뒤표지에 있습니다.
잘못된 책은 바꾸어 드립니다.

해석노동

남을 헤아림이 독이 되는
심리노동

정호 지음

생각비행

전국장애인차별철폐연대(전장연)는 2021년부터 지하철 탑승 시위를 해오고 있다. 그 영향으로 퇴근길 사당역에 30여 분 만에 도착한 지하철에는 올라탈 틈조차 없었다. 결국 단념하고 버스를 타러 지하철역을 빠져나와야만 했다. 딱히 집에 급히 가야 할 이유는 없었지만, 가뜩이나 혼잡한 서울 지하철 2호선인데 시위로 배차 간격이 늘어난 탓에 승강장은 지하철을 기다리는 시민들로 금세 가득 찼고, 사람 많은 곳을 좋아하지 않는 나는 다소 불쾌지수가 높아졌다. 한편으로는 장애인들의 주장에 관심을 기울이도록 하기에 충분한 시위임을 새삼 체감했다.

지하철 탑승 시위는 장애인 이동권 확보를 위한 투쟁의 일환이다. 1999년에 이어 2001년에도 지하철역 휠체어 리프트

추락 사고가 잇따르자 장애인들이 거리로 나와 '안전하게 이동할 권리'를 외쳤다. 그 결과 2006년 1월 교통약자이동편의증진법(교통약자법)이 시행되었다. 장애인뿐 아니라 노인, 임산부, 영유아 동반자, 어린이와 같은 교통약자가 교통수단을 안전하고 편리하게 이용할 수 있는 교통체계를 구축하기 위해 제정한 법이다. 정부는 저상버스 도입 확대를 약속했지만 목표를 달성하지 못했다. 저상버스 도입률은 2013년 16.4퍼센트, 2016년 22.3퍼센트, 2021년 27.8퍼센트로 여전히 30퍼센트도 안 된다. 서울 지하철 1~8호선 역사 중 엘리베이터가 설치된 역사의 비율도 2017년 89.9퍼센트, 2019년 91.4퍼센트, 2021년 93.0퍼센트로 더디게 늘고 있다. •

MBC 〈탐사기획 스트레이트〉는 장애인이 지하철을 더 쉽고 편하게 이용할 수 있게 돕는 '장애인 이동지도'를 제작한 홍윤희 씨를 소개했다. •• 비장애인인 홍 씨가 장애인 이동권에 관심을 두게 된 건 딸 때문이었다. 홍 씨의 딸은 태어나자마자 척추암으로 투병해야 했다. 힘든 수술을 잘 견뎌 암은 완치됐

• 박상연·손지민·오세진 기자, 〈20년째 문턱 못 넘은 '장애인 이동권'…"모든 전철 엘리베이터 설치"〉, 《서울신문》, 2022년 3월 28일.
•• MBC 〈탐사기획 스트레이트〉 163회, 2022년 3월 13일 방송.

책머리에

지만 하반신이 마비되는 후유증이 남았다. 홍 씨는 딸이 네 살 때부터 휠체어를 타게 되자 휠체어로 이동하는 것이 얼마나 어렵고 불편한 일인지 비로소 깨달았다. 질병 치료의 후유증으로 장애인이 된 딸을 둔 부모로서 장애인의 입장에서 고민하며 같은 불편함을 느낀 것이다. 이처럼 상대방의 처지를 직간접적으로 경험하지 않는 한은 이해하기 힘들고, 그러한 이유로 공감 능력을 발휘하기가 쉽지 않다.

장애인 지하철 시위를 다룬 기사의 댓글을 살펴보면 대부분이 시위에 부정적이다. 장애인 이동권 운동은 1984년 고_故 김순석 열사의 죽음으로 시작되었다. 정부와 지자체는 장애인 이동권을 확보하기 위한 인프라 보강을 약속했지만 20년 넘게 약속을 지키지 않고 있다. 이는 장애인 당사자를 비롯해 장애인을 둔 가족들을 제외하면, 장애인이 거리로 나와 목적지로 이동하는 과정에서 겪는 어려움을 이해하고 공감하지 못하는 공감 격차가 20년 넘게 이어지고 있다는 의미이기도 하다.

박경석 전장연 공동대표는 이동권 시위를 하며 자신들의 시위가 초래한 불편함 때문에 장애인들에게 백 번 욕할 때 단 한 번이라도 정부와 정치인들에게 욕해달라고 호소했다. 약속 후 20년이 넘도록 장애인의 이동권을 홀대한 주체가 누구인지 생각해 봐달라는 뜻이다.

　지난 약속을 이행하지도 않고서 선거철에만 장애인들의 환심을 사기 위해 지키지도 못할 공약을 제시하는 정치꾼과 정부에 돌아가야 할 손가락질이 엉뚱하게도 시위하는 장애인들을 향하고 있다. 장애인이든 비장애인이든 똑같은 시민이다. 정치적 책임을 져야 할 사람들이 따로 있건만, 우리는 책임자들의 입장에 서서 우리 스스로의 사고방식을 제한하고 있는 건 아닐까?

　장애인 관련 이슈뿐 아니라 사회적 약자에 대한 배려 문제에서 약자가 약자를 비방하고 손가락질하는 일이 만연하다면 그 사회는 '해석노동'에 길든 사회라 할 수 있다. 이 책의 주제인 해석노동은 타자의 시선으로 자신을 판단하려는 습성이자 나를 타자에게 대상화하여 스스로 타자에게 종속시키려는 성향이 습성화된 심리노동을 뜻한다.

　장애인 단체의 시위 방식 때문에 불편하고 불쾌했던 경험이 없지는 않을 것이다. 그러나 그 시위 덕분에 20년 넘게 지켜지지 않은 약속이 있다는 사실을 알게 되었다면, 사회적 약자를 위해 우선적으로 교통 인프라를 확충해야 하는 정부와 정치인들에게 책임을 묻는 것이 마땅한 시민의식이다.

　　　　　　　　　　　　　　　　　　　책머리에

한 남자가 동거 중인 여자의 딸아이를 성폭행한 사건이 있었다. 이 사건을 보도한 기사에 딸자식이 있는 여자가 무슨 생각으로 재혼을 생각한 것이냐며 여자를 못마땅해하는 댓글이 달렸다. 댓글을 쓴 사람은 철저히 남자의 시선에서 여자를 보았기 때문에 잘못한 남자를 탓하는 것이 아니라 남자인 타자의 입장에서 여자의 행위를 멋대로 규정했다. 이는 해석노동에 길든 결과이다.

아르노 그륀Arno Gruen의 책 《복종에 반대한다》(더숲, 2018)에는 다음의 뉴스 기사가 등장한다. 린다는 금요일 저녁 무용 행사에 참석한 뒤 귀가하지 않고 공군 장교와 밤을 함께 보내느라 외박을 했다. 린다의 아버지는 그에 대한 벌로 딸에게 총을 주며 그녀가 2년 전부터 기르던 개를 쏴 죽이라고 명령했다. 린다는 기르던 개를 차마 쏘지 못하고 자신에게 총구를 겨누고 말았다. 이 사례처럼 부모와 자식 간의 관계가 잘못 설정되면 비극이 발생하고 만다. 부모의 삐뚤어진 훈육, 남성의 가부장적 권위, 조직 상급자의 우월감 등이 당연시되는 사회에서는 부모, 남성, 상급자의 시선으로 자신을 바라보게 되고, 그럴 때 '나'라는 존재는 사라진다. 가해자는 분명 그들인데 가해에 대한 책임은 피해자가 지는 것이다.

장애인들이 지하철에서 시위하는 모습을 지켜보면서 장애인들에게 무조건 공감하라는 의미는 아니다. 우리 위에 있거나 우리보다 강한 자의 책임을 우리가 짊어져야 한다는 의무감에서 벗어나고자 노력해야 한다는 말이다. 그러지 못하면 그 의무를 또 다른 약자에게 덮어씌우려 하는 것이 우리의 본능이라는 점을 두려워해야 한다는 말이다.

나는 '해석노동'이 타자의 시선으로 자신을 판단하려는 습성이며, 나를 타자에게 대상화하여 스스로 타자에게 종속시키려는 성향이 습성화된 심리노동이라고 정의했다. 일반 시민이 장애인 단체의 지하철 시위라는 작위作爲를 바라보면서 정부와 정치인들의 장애인 이동 편의 인프라 구축에 대한 부작위不作爲를 비판하기보다는 장애인 단체의 시위를 범죄시하는 데서 우리는 자신과 정부·정치인들의 부작위 행태를 동일시하려는 심리를 엿볼 수 있다.

이러한 동일시는 권위에 대한 복종과 순응이 일상화되면 나타난다. 그륀은 《복종에 반대한다》에서 우리는 복종함으로써 자신의 감정과 자각을 포기하게 되고, 정체성이 발달하는 과정에서 자기감정과 자각을 포기하도록 강요받으면 권위에 매달리는 것이 삶의 기본원칙이 된다고 말한다. 권위를 증오하

책머리에

면서도 자신을 그 권위와 동일시하는 것이다. 이처럼 권위에 매달리며 자신의 본성을 억누르면 증오와 공격성이 생겨나는데, 문제는 이런 증오와 공격성이 억압자가 아니라 다른 희생자에게 표출된다는 데 있다. 장애인 단체의 지하철 시위를 응원하는 시민보다 비판하는 시민이 대세를 이룬다면 그 사회는 권위에 대한 복종에 익숙해진 사회라고 할 수 있다.

복종과 순응에 익숙한 풍토는 해석노동을 권하고 유발하는 환경을 조성한다. 해석노동에 익숙해지면 열린 마음으로 세상을 보지 못하고 사고가 편협해진다. 그렇게 되면 해석노동을 수행하는 당사자는 해석노동의 수혜자인 상급자를 비판하는 대신 자신보다 약한 동료나 하급자에게 책임을 전가하고 불합리한 행태를 그대로 전수한다. 이것이 해석노동의 작동에서 가장 중요하고 무서운 점이다.

이 책은 해석노동의 개념을 제시하고 우리가 부지불식간에 해석노동을 하고 있음을 인지하게 하는 데 목적이 있다. 해석노동을 인지함으로써 우리는 상급자에 대한 심리적 동조를 통해 동료나 하급자에게 불합리한 책임을 전가하거나 동료 간에 반목이 형성되는 사태를 예방할 수 있다. 또한 이러한 심리적 마취 상태에서 각성할 가능성을 기대할 수 있다.

1장에서는 해석노동의 개념을 소개한다. 이어서 2장에서는 일상에서 해석노동을 유발하는 사례들을 다루고, 해석노동을 조장하는 여건을 확인해본다. 조직 안에서 해석노동이 일어나는 메커니즘을 살펴보면, 해석노동은 조직의 노동자 한 명이 주도적으로 제공하는 것이 아니다. 그보다는 조직 문화 속에 해석노동을 유발하는 공감대가 형성되어 있을 때 공감과 모방이 연쇄적으로 반응하여 부지불식간에 해석노동이 제공된다. 조직 문화 전반에 해석노동에 대한 공감대가 형성되어 있다 하더라도 해석노동이라는 심리노동을 그대로 따라 하려는 노동자가 있는가 하면, 형성된 공감을 선의적·의식적으로 해석하여 비판할 사안과 개선점을 찾는 노동자도 있다. 하지만 대다수 노동자는 자기가 속한 조직의 분위기에 맞춰 살아간다. 해석노동의 공감력을 악의적·무의식적으로 받아들여 복종과 순응의 길을 선택하는 일이 현실에서 빈번한 이유다.

3장에서는 공감을 통해 해석노동을 받아들이는 방식이 모방이며 해석노동의 확산은 우리 인간의 공감력을 발판으로 이루어짐을 설명한다. 인간의 공감 능력으로 모방이 이루어지고 모방의 확산은 곧 해석노동의 확산으로 이어진다. 이러한 과정을 설명하기 위해 여러 연구 자료와 사례를 인용하고, 공감의 양면성과 어두운 면을 함께 살펴본다.

엘리자베스 노엘레 노이만Elisabeth Noelle-Neumann은 《침묵의 나선》(사이, 2016)에서 모방의 두 가지 동인이 '학습'과 '고립에 대한 두려움'이라고 말한다. 학습은 남들을 관찰해서 이렇게 저렇게 행동할 수 있다는 것을 눈여겨봤다가 적절한 기회가 왔을 때 직접 그 행동을 해보는 것이다. 한편 노이만은 남들에게 동조하지 않고 그들과 달리 행동함으로써 고립되는 것에 대한 두려움의 결과가 모방이라고 설명하며 이를 강조한다.

학습이든 고립에 대한 두려움이든 조직 내 노동자들에게는 이 둘 모두가 모방의 동기로 작용한다. 특히 조직에서 하급자인 노동자들은 더더욱 촉각을 곤두세워야 한다. 사람은 오감 외에 다른 사람들이 어떤 생각을 하는지 인지하고 간파해낼 수 있는 유사통계학적 감각이 있는데, 조직 내 노동자들이 해석노동을 유발하는 환경에 놓여 있는 한 학습을 통해서나 고립에 대한 두려움을 극복하기 위해서나 기꺼이 해석노동을 할 수밖에 없다. 해석노동이 자리 잡게 되는 환경이 서서히 조성되고 나면 해석노동을 거스르고자 노력할 수 없는 지경에 이른다.

마지막으로 4장에서는 공감 격차에 대해 설명한다. 해석노동을 제공받는 상급자 지위에 오래도록 머물러 있는 자들과 해석노동자들 사이에는 공감 격차가 크다. 상대방의 입장을 고려하지 않는 해석노동의 수혜자일수록 꼰대이거나 갑질을 할 개연성이 높다. 이러한 사례로 한진그룹 총수 일가 논란을 다루고, 이명박·문재인 전 대통령의 젊은 시절을 비교해본다.

노동자라는 신분의 테두리 안에 스스로를 가두고 결박하는 해석노동을 인식하고 의식적으로 각성하며 살고자 하는 분들께 이 책이 도움이 되길 바란다.

책머리에

차례

1

해석노동이란 무엇인가

── 해석노동의 개념

고병권의 《철학자와 하녀》(메디치미디어, 2014)에 나오는 일화다. 대형마트 비정규직 여성 노동자들에게 철학 강의를 하던 날, 한 분이 저자에게 노동환경에 대해 말하다가 끔찍한 경험담을 들려주었다. 대형마트에서는 고객의 불만을 사거나 자체 비밀 점검에서 '걸린' 노동자를 다음 날 두 시간 일찍 출근하게 해 인사를 반복하게 하는 처벌을 내린다고 한다. 30대 과장이 40~50대 여성 노동자들에게 '토끼뜀'이나 '오리걸음'까지 시킨 모양이었다. 그 말을 듣고 저자는 너무 어이가 없어서 그걸 그냥 참고 있었느냐고 물었다. 그런데 대답이 인상적이었다. 억울하기는 했는데 과장 입장에서는 화가 날 수도 있었 겠다고 생각했다고 한다. 자기는 애들 학원비라도 벌어볼 요량으로 비정규직으로 일하고 있지만, 과장은 정규직이니까 회사에 대한 애착이 자기와는 다를 테고, 무엇보다 고객 불만이 매출에 타격을 줄 수도 있으니 회사로서는 서비스 문제에 민감할 수밖에 없다고 생각했다는 것이다.

그 여성 노동자는 억울한 기분도 들었지만 과장의 입장에서 노동환경을 생각했다. 고병권은 이를 '시각의 전도'라고 표현했다. 처벌의 상황을 자기 눈이 아니라 과장의 눈을 통해 이해하려 한 것이다. 사회적 약자는 상황을 자기식으로 해석하기보다 권력을 가진 자의 눈으로 보려고 한다. 타자의 입장에서 문제를 바라보고 해석하는 노동을 주로 하는 사람들은 사회적으로 지위가 낮은 노동자일 가능성이 크다.

데이비드 그레이버David Graeber의《관료제 유토피아》에는 '해석노동interpretive labor'이라는 용어가 등장한다. 하지만 그 책에서는 해석노동이라는 개념을 구체적으로 정의하지는 않는다. 그레이버는 관료주의에 익숙해져 개별 고객이나 민원인의 특수한 사정을 고민하지 않고 정해놓은 절차대로만 수행하는 관행을 꼬집으며, 오히려 관료집단의 표준운영절차SOP가 고객이나 민원인의 특수한 사정에 대한 해석을 하지 않게 만들었음을 비판하기 위해 해석노동이라는 말을 사용한다. 그레이버

해석노동이란 무엇인가

가 언급한 맥락과는 다르지만, '해석노동'이라는 말 자체에 매료된 나는 해석노동이라는 단어를 차용해 더욱 확장된 이야기를 전개해볼 수 있지 않을까 하고 생각했다.

그레이버는 책에서 미국 고등학교의 사례를 소개한다. 미국 고등학교 작문 교사들 사이에서 인기 있는 활동 중 하나가 학생들에게 하루 동안 성性이 뒤바뀌었다고 상상하게 하고 그에 대해 글로 써보라고 하는 것이다. 그러면 남학생들은 여자가 되는 상상을 한다는 것만으로도 불쾌해하며 글쓰기를 거부하는 반면, 여학생들은 그 주제에 대하여 길고 상세하게 글을 쓴다고 한다. 그레이버는 벨 훅스Bell Hooks의 글을 보고 이에 대해 폭넓게 생각해보게 되었다고 고백한다.

미국에서는 백인종을 연구하는 인류학자 그리고/또는 민족지학자民族誌學者들의 모임인 공식 흑인 단체가 전혀 없었음에도 흑인들은 노예제 이후 줄곧, 백인들에 대한 철저한 조사를 통해 수집해온 백인종에 관한 '특별한' 지식에 대해 서로 대화를 나누며 공유해왔다. 그것은 문자화된 자료로 온전히 기록된 인식의 방법이 아니라, 그것의 목적이 흑인들을 도와 백인지상주의 사회에서 현명하게 대처하고 살아남도록 하는 것이었기 때문에 특별하게 여겨진다. 백인 가정에서 수년 동안 일해온, 집안 내의 흑인 하인들은 격리된 공동체에 지식—흰 피부의 '타인'에 관한 세부사항, 사실, 심리분석적인 읽을거리—을 가져다주는 정보원처럼 행동했다.[*]

여성이나 흑인 같은 사회적 약자는 남성이나 백인과의 사회적 관계에서 해석노동이라는 또 하나의 노동을 수행해야 한다. 남성이 여성의 입장에서 생각하고 인지하여 행동한다면 성인지 감수성이 높다고 할 수 있다. 그러나 대개 여성이나 흑인은 남성이나 백인의 견해를 상상하고 그 견해에 진심으로 신경을 쓰는 데 엄청난 시간을 보내는 반면, 남성이나 백인은 거의 그렇게 하지 않는다.

동일한 행위라도 보는 사람의 입장에 따라 달리 해석할 여지가 있다. 우리는 종종 다른 사람의 의도를 파악해야 할 때가 있다. 그 사람이 내뱉는 말이나 뉘앙스를 통해 이면의 의미를

● 데이비드 그레이버, 김영배 옮김, 《관료제 유토피아》, 메디치미디어, 2016, 112쪽.

　　　　　　　　해석노동이란 무엇인가

알아내야 할 때도 있다. 이렇게 상대방의 의도를 파악하거나 상대방이 뿜어내는 모든 말과 행위에서 특별한 의미를 끄집어 내려는 노력이 해석노동이다.

해석노동의 시선은 사회적 지위가 낮은 데서 지위가 높은 곳으로 향하는 경향이 있다. 즉 지위나 신분이 낮은 자가 지위 나 신분이 높은 자의 시선을 통해 해석하는 경우가 많다. 이러 한 경향에 비춰볼 때 해석노동의 측면에서 가난한 사람이 부 유한 사람보다 더 공감을 잘하거나 이해심이 많은 경향이 있 다. 또한 여자가 남자보다 더 공감을 잘하거나 이해심이 많은 경향이 있으며, 부하직원이 상급자보다 더 공감을 잘하거나 이해심이 많은 경향이 있다. 마찬가지로 유색인종이 소수자일 경우 유색인종이 백인보다 더 공감을 잘하거나 이해심이 많은 경향이 있다.

숙련된 선배 직원이 갓 입사한 직원에게 업무를 가르칠 때 신입 직원이 잘 적응하도록 눈높이에 맞춰 가르치는 속도를 조절한다면 이 역시 해석노동이라고 볼 수 있다. 그러나 대부 분은 선배보다는 후배가, 부유한 사람보다는 가난한 사람이, 남자보다는 여자가, 조직의 상급자보다는 하급자가 해석노동 을 할 가능성이 훨씬 크다.

이처럼 해석노동자의 시선은 대체로 위를 향한다. 상대방의 의도나 기분을 파악하고 그에 맞춰 대응해야 하는 약자의 입장이기 때문이다. 해석노동자는 늘 시선을 자기보다 강한 자에게 둘 수밖에 없으므로 해석노동이라는 에너지는 밑에서부터 위로 흐른다. 해석노동자는 늘 높은 곳을 지향하는 반면에 해석노동을 제공받는 자의 시선은 낮은 곳을 향하지 않는다. 해석노동은 타자의 시선으로 자신을 판단하려는 습성이며, 나를 타자에게 대상화하여 스스로 타자에게 종속시키려는 성향이 습성화된 심리노동이다.

영국 뉴캐슬대 연구팀은 교직원용 구내식당의 자율 계산대를 이용해 실험을 진행했다. 연구팀은 식당 이용자가 커피나 우유, 차 같은 음료를 꺼내 마시고 그 비용을 자율적으로 통에 넣도록 했다. 자율 계산대는 이미 몇 년 전부터 운영해 온 것인데, 실험을 위해 음료 종류를 바꾼 뒤 가격이 적힌 메뉴판 위에 한 주는 감시하는 의미를 담은 사람 눈 사진을 붙이고, 다른 한 주는 꽃을 그린 그림을 붙여 놓았다. 사진과 그림은 매주 바뀌었지만 사람 눈과 꽃이라는 주제는 같았다. 그 결과 사람 눈 사진을 붙여놨을 때 걷힌 돈이 꽃 그림을 걸어놨을 때보다 2.8배나 많았다. 연구팀은 진짜 감시의 눈길이 아니라 그림이나 사

해석노동이란 무엇인가

진이라도 사람들의 행동에 큰 영향을 미친다는 사실을 확인했다. 인간의 뇌가 그림으로 된 다른 사람의 시선이나 얼굴을 보고도 무의식적으로 반응한다는 것이다.[•]

박정자는 《시선은 권력이다》(기파랑, 2008)에서 '바라봄'은 권력이고 '바라보임'은 예속이라고 말한다. 그는 어떤 대상을 몰래 훔쳐보는 행동을 통해 시선에 대한 상호관계를 설명하는데, 열쇠 구멍을 통해 방 안을 몰래 훔쳐보고 있는 동안에는 내가 주체subject이고 방 안의 장면은 대상object이다. 그런데 갑자기 누군가 내 뒤에서 나를 바라보고 있다고 느끼는 순간 나는 내 행동의 상스러움을 깨닫고 부끄러워진다. 타인의 시선을 느끼는 순간 나는 주체에서 대상이 된다. 누군가 나를 보고 있다고 의식하는 순간 나에 대한 정체성을 잃게 된다.

조직 차원에서 내가 감시당하고 있다는 깨달음은 나를 지배하는 대상에게 끊임없이 신경을 쓰게 만든다. 박정자에 따르면 예전에 민중은 '보는 사람', 권력은 '보이는 사람'이었다. 그러나 이제는 가시성이 전도되어 권력은 '보는 사람', 민중은 '보

[•] 최지영 기자, 〈수입 3배로…'감시의 눈' 효과〉, 《중앙일보》, 2006년 6월 29일.

이는 사람'이 되었다. "군주는 늘 불면증이며 유리집을 꿈꾸고 있다"라는 17세기 영국의 정치철학자 토머스 홉스Thomas Hobbes의 말은 이 가시성의 전도를 한마디로 압축해 잘 보여준다. 조직에서 노동자는 보이는 사람인 동시에 자신을 통제하고 지배하는 상급자에게 끊임없이 시선을 내주어야 한다. 특히 해석노동에 있어서는 상급자에게 시선을 뗄 수 없다. 해석노동자는 상급자의 입장에서 대상화된 존재이다. 상급자에게 끊임없이 시선을 주지만 해석노동의 수혜자인 상급자에게 그 어떠한 수치심도 줄 수 없는 무기력한 시선이다.

—— 소드방놀이

현기영의 단편 〈소드방놀이〉는 해석노동에 길든 순박한 민중이 갑질을 일삼는 부조리한 주인을 감히 건드릴 생각조차 못 하는 모습을 그린다. 소드방놀이란 사형을 당해야 하는 죄수를 솥뚜껑 위에 올려 마치 부형釜刑을 받는 것처럼 시늉만 하고 중형을 면제해 주는 요식행위의 형 집행을 말한다.

소설은 사또의 죄를 대신 뒤집어쓴 윤관영이 마을 사람들 앞에서 공개 형 집행을 받는 장면으로 시작한다. 원래 부형은 사창미社倉米를 축낸 아전을 끓는 가마솥에 집어넣어 쪄 죽이는

해석노동이란 무엇인가

잔혹한 증살형이다. 하지만 소드방놀이는 말이 부형이지 요식 행위에 지나지 않았다. 아궁이에 불 때는 척을 하면 죄인은 죽는 시늉을 해 보이는 것인데, 솥뚜껑 하나 달랑 갖다 놓고 올라갔다 내려오는 것으로 끝나기도 했다. 소드방놀이는 따지고 보면 지방 방백이나 수령이 자기 죄를 대신 짊어진 심복 아전을 차마 죽일 수는 없고 해서 만들어낸 일종의 특별사면제도라 할 수 있다.

사창미 200가마를 횡령했다는 것이 윤관영의 죄목인데, 그는 사실 사또의 명령을 따랐을 뿐이다. 사또가 개인적으로 쓸 돈을 마련하려고 200가마를 팔아버린 '것이다. 사또는 자신의 횡령을 눈감아줄 감사와의 관계가 틀어지고 원리 원칙을 강조하는 어사가 언제 들이닥칠지 모르는 불안한 상황에서 사창미를 횡령한 벼슬아치를 엄히 다스리라는 어명을 지키지 않을 수 없게 된다. 그는 어쩔 수 없이 가장 충성스러운 윤관영을 희생양으로 지목한다. 사또는 형식적인 소드방놀이로 사형 집행을 대신해 윤관영이 목숨을 부지할 수 있도록 사전에 약속한다.

굶주린 마을 사람들에게 죽 한 그릇을 베푸는 날에 소드방놀이가 집행된다. 마을 사람들에게 해코지당하지 않을까 조마

조마해 하던 윤관영은 안심하라는 사또의 고갯짓을 보고 안도
한다. 하지만 그 순간 군중이 던진 돌멩이와 사발에 맞아 즉사
하고 만다.

그런데 윤관영이 쓰러지자 마을 사람 모두가 땅에 엎드려
머리를 조아린다. 사또가 곡식을 횡령한 진범임을 금세 잊어
버리고, 아니 잊지는 않았더라도 사또의 권위에 기가 죽은 나
머지 형 집행을 방해했다는 두려움에 머리를 조아린 것이다.
죄지은 자가 죄 없는 마을 사람들에게 죄를 묻는 모양새가 되
었다. 명령을 충실히 따랐을 뿐인 윤관영을 제 손으로 처벌해
야 하는 난처한 상황에 놓인 사또의 고민을 세상 이치에 무딘
군중이 알아서 해결해준 꼴이다. 이처럼 해석노동은 복종의
내면화를 촉발하며 그 내면화를 통해 해석노동의 수혜자가 내
리는 불합리한 명령에 대한 책임을 수용하게 만든다.

홍세화는 《결: 거칢에 대하여》(한겨레출판, 2020)에서 외할아
버지의 '개똥 세 개'라는 옛날이야기를 들려준다. 옛날에 삼 형
제를 가르치는 서당 선생이 있었다. 삼 형제 중 글 읽기를 싫
어하는 맏이는 정승이 되고 싶다고 했고, 겁이 많은 둘째는 커
서 장군이 되겠다고 했다. 이를 들으며 맞장구쳐주던 서당 선
생이 이번에는 막내에게 장래희망을 물어보았다. 막내는 잠시

해석노동이란 무엇인가

생각하더니 갑자기 개똥 세 개가 있으면 좋겠다고 했다. 개똥 세 개가 왜 필요하냐고 물으니 막내는 글 읽기를 싫어하는 만형이 정승이 되겠다고 큰소리를 치니 그 입에 개똥 한 개를 넣어주고 싶고, 저보다 겁이 많은 작은 형이 장군이 되겠다고 큰소리를 치니 그 입에도 개똥 한 개를 넣어주고 싶다는 것이다. 마지막 개똥 한 개는 형들의 엉터리 같은 소리에 맞장구치며 좋아해 준 서당 선생의 것이었는데, 막내는 우물쭈물하며 말하지 못했다. 외할아버지는 "앞으로 네가 살아가면서 오늘처럼 세 번째 개똥을 서당 선생이 먹어야 한다는 걸 잘 알면서도 그 말을 하지 못할 때엔, 그땐 네가 그 세 번째 개똥을 먹어야 한다. 무슨 말인지 알겠느냐?"라며 옛날이야기를 마친다.

홍세화는 세 번째 개똥을 서당 선생이 먹어야 한다는 걸 잘 알면서도 그 말을 하지 못하는 습성을 가리켜 '존재를 배반하는 의식'이라고 했다. 〈소드방놀이〉에서 마을 사람들이 사또가 곡식을 횡령한 자임에도 금세 잊어버리고, 사또의 권위에 기가 죽어 윤관영을 돌팔매로 응징한 뒤 땅에 엎드려 머리를 조아린 그 의식을 가리키는 말일 터이다.

백인 경찰에게 과잉 진압을 당했다는 뉴스를 접하면 흑인에게 동정심을 품게 된다. 아마도 이런 감정의 발현은 피해자가 꼭 흑인이 아니더라도 당연한 반응일지 모른다. 그러나 최근 미국에서 종종 발생하는 동양인에 대한 인종차별적 폭행 사건 소식을 접하면 당혹스럽다.

몇 년 전 지하철역 개찰구에서 한국인을 비하하며 30대 남성을 폭행한 혐의로 미국 국적의 30대 흑인 여성 영어학원 강사가 경찰에 붙잡힌 사건이 있었다. 경찰 조사 결과 미국인 영어 강사는 사당역에서 동료 학원 강사 둘과 함께 지하철을 타고 이동하며 소란을 피우다 피해자를 비롯한 승객들이 조용히 해달라고 요청하자 한국인 승객들을 조롱하며 폭행을 저지른 것으로 파악됐다. 피해자는 지하철 객차 안에서 동그란 머리 빗으로 폭행당했으며, 가해자를 비롯한 외국인 일행이 승객들에게 가운뎃손가락을 치켜올리고 욕설하고 뒤로 돌아서서 엉덩이를 흔들며 조롱했다고 주장했다.[*]

위 사건을 처음 접했을 때 인종차별 당하는 유색인끼리도 상대 인종에 대한 우월의식이 팽배해 있지 않나 하는 의구심이 들었다. 최근 미국 내 흑인이 아시아인을 상대로 폭행을 일

---

[*] 김종찬·손성배 기자, 〈인덕원역서 한국인 조롱하고 폭행한 미국인 영어 강사 불구속 입건〉, 《경인일보》, 2018년 4월 3일.

해석노동이란 무엇인가

삼는 사건을 바라보면서 그때의 의구심이 지금은 확신이 되었다. 여기서 흥미로운 점은 정부나 백인 경찰의 인종차별에 대해 항의하고 시위하는 흑인들이 자기보다 약해 보이는 유색인들에게는 인종차별적 폭행을 일삼는다는 점이다. 인종차별을 당하는 자가 어느새 인종차별주의자가 된 것이다.

약자는 사회화 과정을 거치면서 본인의 사회적 위치를 체감하거나 간접 학습을 하게 된다. 예컨대 남성 대 여성, 백인 대 흑인(유색인종), 부자 대 가난한 자, 고학력자 대 저학력자, 명문대 출신 대 지방사립대 출신 등의 구도에서 여성, 흑인, 가난한 자, 저학력자, 지방사립대 출신은 살아가면서 부지불식간에 자신의 사회적 입지를 체감하게 된다.

대기업이나 고연봉의 공기업이 지방사립대 출신에게는 응시 기회조차 주지 않는다 해도 사회적으로 큰 문제가 되지 않을 만큼 우리 사회는 학벌에 대한 공감대가 형성되어 있다. 또한 조직에서 여성이 남성보다 높은 직위에 오르기가 쉽지 않다는 데 우리 사회는 공감하고 있다. 유리 천장을 깨자고 노력하기보다 유리 천장이라는 현상을 당연시하고 그에 동조하면서 여성이 남성보다 사회적으로 성공하기 어렵다는 사실을 인정하고 공감해버린다.

이러한 인정과 공감이 습성이 되면 약자는 강자를 불필요하게 배려하고 강자 편에서 공감한다. 그러한 노력이 곧 해석노동이다. 문제의 원인이 강자에게 있는데도 책임이 약자에게 전가되는 악순환이 펼쳐진다.

반면 사회적 강자는 본인의 정체성을 깨닫게 되면서 자신이 사회적 제약을 덜 받는다는 점 역시 깨닫게 된다. 그래서 타인에게 공감하고 해석노동을 하며 감정을 소비할 필요를 못 느낀다. 부유층 가정에서 태어난 아이는 어려서부터 해석노동을 전혀 하지 않는 습관이 들어 타인의 입장을 헤아리지 못하는 감정의 마비 증세를 띠고 자랄 수도 있다.

—— 해석노동과 감정노동

앨리 러셀 혹실드Arlie Russell Hochschild는 자신의 책 《감정노동》(이매진, 2009)에서 감정노동emotional labor을 사람들이 개인의 기분을 다스려 표정이나 신체 표현을 통해 외부에 드러내 보이는 것이라고 정의한다. 혹실드는 육체노동physical labor과 정신노동mental labor을 수행하면서 다른 사람들의 기분을 좋게 하려고 자신의 감정을 고무시키거나 억제하는 행위인 감정노동을 승무원 업무 등을 예로 들어 설명한다.

해석노동이란 무엇인가

서비스 업종에 종사하는 직원은 업무를 수행하면서 실제 정서와 표현 정서가 일치하지 않을 때 감정 부조화를 겪는다. 이때 감정의 연출이 요구된다. 무리한 요구를 하며 진상을 부리는 고객에게 지침이나 규정을 원칙대로 강하게 밀어붙이지 못하는 이유는 조직 내 근로 조건상 감정 부조화를 겪도록 훈련받으면서 감정노동에 길들었기 때문이다. 혹실드는 사람들이 서비스 직종을 어떻게 평가하는지 이야기하면서 "이 등급에서 가장 하위에 있는 것은 공장 노동자가 아니라 개인이 개인적으로 누군가를 위한 일을 수행해야 하는 서비스 직종인 것으로 나타났다. 바텐더는 광산 노동자보다 낮은 지위에 위치하고 있고, 택시 기사는 트럭 운전수보다 지위가 낮다. 우리는 이런 직업의 기능이 다른 사람에게 더 의존적이고 다른 사람들의 마음대로 좌우된다고 생각되기 때문에 이런 현상이 나타난다고 본다"라고 말한다. 남에게 서비스를 제공하는 직종은 서비스와 함께 서비스 제공자의 감정도 함께 제공하기 때문이다.

감정노동은 해석노동과 유사한 지점이 있다. 높은 지위에 있는 사람은 자신의 감정을 알리고 중요한 사람으로 여겨질 특권을 누리지만, 지위가 낮을수록 그 사람의 감정은 사람들에게 알려지지 않거나 하찮은 것으로 다뤄진다. 해석노동은 위계에서 발생한다. 지위가 낮아질수록 감정의 가치는 낮아지고 해석노동의 강도는 높아진다. 반대로 지위가 높아질수록 그 사람의 감정을 헤아려야 하는 부하직원의 수는 많아진다.

그 대상이 조직 외부의 불특정 다수이자 일시적으로 상대하는 고객이라면 감정노동을 정의하는 데 있어서 업무와 관련해 감정의 정도나 범위에 한계를 짓기는 어렵다. 또한 감정노동은 상대방과의 공감 없이 직접적이고 즉각적인 피드백으로 대응하는 면이 크다. 고객 역시 직원이 진심으로 반가워서 인사하는지에 대해서는 그다지 신경 쓰지 않는다. 직원이 진심으로 반가워서 톤이 높은 목소리로 환대하는 것이 아니라는 것쯤을 잘 알기 때문이다.

조직 외부 고객과의 관계뿐 아니라 조직 내부인과의 관계에서 일어나는 일까지 감정노동으로 설명하려 한다면 감정노동이 아닌 게 없을 것이다. 직장에서 상사의 기분을 먼저 헤아리는 행위는 감정노동보다는 해석노동이라고 보는 편이 맞을 것이다. 해석노동은 노동자 자신의 피해를 고려하기보다는 상사의 시선에서 행위의 결과를 규정하려고 하는 것이다. 해석노동은 일회적이고 일시적인 관계보다는 조직 내 동료나 상사,

해석노동이란 무엇인가

부하직원 간의 관계처럼 장기적이고 지속적으로 이루어지기 때문에 습성화되어 나타나는 경향이 있다. 그렇기에 이러한 측면을 간과하고 무조건 감정노동이라고 한다면 너무 막연할 수 있다.

요약하면, 해석노동은 타자의 시선으로 자신을 판단하려는 습성이며, 나를 타자에게 대상화하여 스스로 타자에게 종속시키려는 성향이 습성화된 심리노동이다. 감정노동은 육체노동과 정신노동을 수행하면서 감정의 실제 정서와 표현 정서가 일치하지 않는 감정 부조화 상태임에도 감정의 연출을 통해 표현 행위를 수행하는 노동이다. 감정노동은 주로 외부의 고객을 상대로 제공하는 것으로 공감 없이도 직접적·즉각적으로 피드백하는 응대 노동이다. 반면 해석노동은 고객보다는 조직 내부의 동료나 상급자를 상대로 하는 경우가 대부분이다. 또 해석노동은 장기적으로 체득되며 공감을 통해 습성화되는 경향이 있다.

—— 해석노동과 눈치

러시아 사진 편집자가 한국인의 눈치에 대해 쓴 글이 있다. 한국인을 세 가지 개념으로 정의할 수 있는데, 바로 한

(깊은 슬픔의 감정)과 정(감정적 연대) 그리고 눈치라는 것이다. 그는 다른 사람의 기분을 감지하는 능력을 눈치라고 정의했다. 직관, 빠른 이해력, 비언어적 신호를 감지하는 능력, 정서적 지능 등 다양한 말로 표현할 수 있는 눈치는 사회생활을 할 때 실수를 예방하고 관계를 유지할 수 있게 해주는 중요한 특징이다. 눈치는 강자에 대한 약자의 생존 전략이기도 하다.

그는 눈치에 대해 설명하면서 이오영이 쓴 글을 인용한다. 조선 사절단과 일본 사절단이 각각 서로의 나라를 정탐했는데, 일본은 무기 종류부터 군사 전략까지 조선의 강점에 대해 광범위하게 살펴보고 전쟁이 터지면 조선은 저항하지 못할 만큼 약한 상태라고 분석했다. 반면 조선 사절단은 일본 내 분위기나 도요토미 히데요시의 마음을 눈치로 분석해 결국 임진왜란이라는 수치스러운 전쟁을 맞이하게 되었다는 내용이다. •

이처럼 눈치가 직관적이고 비논리적인 면도 있긴 하지만, 상대방의 마음 상태를 이해하려고 하는 마음가짐을 바탕으로 하기에 적어도 개인 대 개인의 사이에서는 좋은 관계를 유지

• Lyudmila Mikheesku, 〈Koreans' Way of Survival: Nunchi〉, KOREA.net, 2016년 7월 5일.

해석노동이란 무엇인가

하기 위해 노력하는 행동 양식이라 할 수 있다.

그렇다면 해석노동과 눈치는 어떻게 다를까? 우선 해석노동과 눈치 둘 다 수직적 관계와 수평적 관계에서 모두 발휘된다는 점은 같다. 상사와 부하직원, 남자와 여자, 부모와 자녀 등 수직적 관계에서 주로 아래에 있는 자가 해석노동을 하지만, 엄마가 아이의 울음을 그치게 하거나 아이가 울지 않도록 예방하는 노력 또한 해석노동이라고 할 수 있다. 마찬가지로 연인관계에서 어느 한편이 항상 기분을 맞추는 식이 아니라 서로 관계를 잘 유지하기 위해 노력하는 것도 눈치이자 해석노동이라고 할 수 있다.

해석노동과 눈치를 비교해 보면, 눈치는 해석노동의 하나라고 볼 수 있다. 즉 해석노동의 범주 안에 눈치가 있다. 눈치는 수평적 관계에 비중을 두는 반면, 해석노동의 주체는 주종 관계나 상하 관계에 놓인 사람일 가능성이 크다.

유니 홍Euny Hong은 《눈치》라는 책에서 다음과 같은 질문을 던진다.

대기업에 막 입사한 여러분은 마침 초대받은 모임에서 좋은 인상을 남기고 싶다. 모임 장소에 들어섰을 때, 모든 사람이 나이 지긋한 한 여성의 싱거운 농담에 웃고 있었다. 이때 어떻게 행동하겠는가?

A 방금 들었던 것보다 **훨씬** 우스운 농담을 하며 끼어든다. 동료들이 좋아할 것이다!

B 별로 재미있지는 않지만 다른 사람들과 함께 웃는다.

C 이 여성이 분명 회사의 대표일 것으로 판단하고 적절한 기회를 봐서 자신을 소개한다.•

저자는 모범 답안이 C라고 말한다. C를 선택한 사람이 눈치의 달인이라는 것이다. 나는 B를 선택했는데, B나 C 모두 눈치가 있는 사람이다. 다만 적극적으로 다른 사람의 마음을 사로잡아 성공의 발판으로 삼고자 하는 적극적인 사람이냐 아니냐의 차이가 있을 뿐이라고 생각한다. 눈치는 B의 경우처럼 인간관계에 있어서 크게 모나지 않고 두루뭉술하게 처신해 관계가 어색해지지 않도록 감각을 살리는 것이다. C는 이보다 한 발 더 나아가 적극적으로 자신을 소개하기 위해 눈치를 활

• 유니 홍, 김지혜 옮김, 《눈치》, 덴스토리, 2020, 9쪽.

해석노동이란 무엇인가

용하는 사람이다.

눈치는 한국 같은 고맥락 문화권에서 분위기를 살피면서 조화로운 관계를 유지해 나갈 줄 아는 감각술이라고 할 수 있다. 눈치의 대상은 직장 상사일 수도 있고 친구일 수도 있다. 부모가 자식의 눈치를 볼 수도 있다. 반드시 아랫사람만 윗사람의 눈치를 보는 것은 아니다.

클로드 M. 스틸Claude M. Steele은 《고정관념은 세상을 어떻게 위협하는가》(바이북스, 2014)에서 본인의 경험담을 소개한다. 어린 시절 여름 방학을 앞둔 어느 오후, 동네 친구들과 하교하던 길에 '흑인' 아이들은 수요일 오후를 제외하면 지역 공원에 있는 수영장에서 물놀이를 할 수 없다는 말을 들은 순간 저자는 자신이 흑인임을 처음으로 자각했다고 한다. 흑인이 자신의 인종적 정체성을 획득하는 과정에는 다섯 단계가 있는데, 그중 두 번째 단계인 직면encounter은 피부색 때문에 다른 대우를 받는 사건을 통해 생애 처음으로 인종적 차이를 인식하는 경험을 뜻한다.

캐시 박 홍Cathy Park Hong에 따르면, 역사적으로 공공 수영장은 인종 분리 폐지와 관련해 가장 뜨겁게 논란이 된 시설이다. 미국 동부에서는 도시계획가 로버트 모지스Robert Moses가 공공

사업진흥국이 후원하는 수영장을 주로 뉴욕의 백인 주거 지역에 설치해 흑인은 이용하지 못하게 했다. 남부 도시에서는 흑인과 같이 쓰느니 차라리 아무도 못 쓰게 하겠다며 동네 수영장에 콘크리트를 부었다.•

스틸은 수영장을 사용할 수 없는 이유가 자신이 흑인이라는 거역할 수 없는 사실 때문임을 인식하고 자신의 사회적 정체성을 깨달았다. 스탠드업 코미디언 리처드 프라이어Richard Pryor는 이렇게 표현했다. "나는 여덟 살 때까지 아이였어요. 그후 깜둥이가 되었지요." 스틸은 인종차별처럼 눈치를 발휘해도 자신의 정체성을 극복할 수 없는 현실에서 눈치로 해결할 수 없는 자각의 시간을 겪었다.

스틸은 열세 살 때 골프 캐디로 일하려고 지역 골프장을 찾았는데, "깜둥이는 고용하지 않는다"라는 말을 듣고 흑인이라는 이유만으로 구직에 제한을 받는다는 사실을 알게 되었다. 하지만 그에 대항해 그가 할 수 있는 행동은 아무것도 없었다. 수영을 할 수 없고 캐디를 할 수 없는 이유는 단지 그가 흑인이어서였다. 이는 제아무리 눈치를 발휘해도 달라지지 않는 사

• 캐시 박 홍, 노시내 옮김, 《마이너 필링스》, 마티, 2021.

해석노동이란 무엇인가

회적 현실이다. 이런 점에서 눈치는 해석노동과 다르다. 해석노동은 사회적 제약을 깨닫고 그 제약에 순응해 내면화하는 것이다.

유니 홍은 《눈치》에서 개념상 혼동할 수 있는 공감과 눈치를 구별한다. 소시오패스 성향을 지닌 자는 공감 능력이 뚜렷한 사람을 희생양으로 삼는데, 공감이란 개념에는 '옳음'이라는 가치가 개입되어 있고 감정적으로 강하게 얽힐 수 있기 때문에 공감 능력이 큰 사람은 상대방에게 이용당하거나 범죄의 표적이 될 수 있다. 반면 눈치는 옳고 그름을 따지지 않고 감정적으로 중립을 유지할 수 있는 개념이라는 것이 그의 설명이다.

사회생활, 특히 조직 안에서 눈치가 느린 사람보다는 빠른 사람이 분위기를 원활하게 한다. 심지어 눈치는 분위기를 주도하는 은밀한 무기가 될 수 있다. 눈치는 삶 속에서 옳고 그름의 가치 개입 없이 발휘하는 처세술의 비밀 무기이다. 눈치는 공감을 뛰어넘는 일종의 삶의 기교라고 할 수 있으며, 때로는 난처한 상황을 슬기롭게 모면하게 해주는 감각술이라고도 할 수 있다.

눈치와 해석노동의 또 다른 차이점은 눈치가 주도적이고 능동적이라면 해석노동은 종속적이고 수동적이라는 점이다. 눈치는 전술적 기법이라고 할 수 있다. 눈치가 없는 사람보다는 있는 사람이 사회생활을 하는 데 유리하다. 해석노동은 특히 상하 관계에 놓여 있을 때 부하직원에게 상급자에 대한 배려나 공감을 강요하는 심리노동이다. 눈치는 주체적 활동이지만, 해석노동을 하는 사람은 그 시간 동안 잠시 자신을 잃어버리게 된다.

해석노동이란 무엇인가

2

일상 속 해석노동

미국의 사회심리학자 스탠리 밀그램Stanley Milgram은 권위에 대한 실험을 진행했다. 상사의 명령에 따라 전기고문을 가하도록 설계한 실험에서 뜻밖에도 피실험자들은 생명에 지장을 초래할 수 있는 강도로 전기고문을 가했다.

해석노동에 길든 사람이라면 이 실험의 참가자들처럼 아무런 양심의 가책 없이 잘못된 명령에도 순응할 것이다. 그리고 그 순종의 결과가 낳은 책임을 떠안을 수도 있다. 고맥락 사회라고 할 수 있는 집단주의 문화에서는 알아서 기는 문화가 발달해 있기에 직장 내 위계질서에서 파생되는 권한과 갑질을 구분하기 어렵다.

해석노동의 수혜자이자 해석노동을 권하는 권위자에게 해석노동을 제공하고 나면, 그 해석노동의 제공자는 또 다른 동

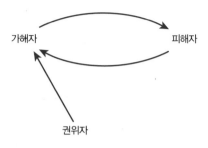

료나 하급자를 찾아 해석노동의 피해자로 만드는 악순환에 빠진다.

—— 학폭과 부대 내 가혹행위

한 달 넘게 이어진 구타와 가혹행위 끝에 숨진 육군 28사단 윤아무개(24) 일병 사건은 군이 풀어야 할 '오래된 숙제'를 압축적으로 보여준다. 특히 폐쇄성이 강한 최전방 일반전초GOP처럼 독립된 소규모 공간에서 소수가 '제왕적 권력'을 휘두르는 '후방 지오피'는 인권의 사각지대에 놓이기 쉽다. 사고가 날 때마다 국방부가 내놓는 말뿐인 병영문화 개선책도 문제로 지적된다. (중략) 좁은 공간에서의 폭력과 지휘 부재는 결국 고질적 악습인 '폭력의 대

일상 속 해석노동

물림' 현상으로 이어졌다. 상습폭행에 가담한 지아무개 (22, 구속기소) 상병과 이아무개(21, 불구속기소) 일병은 주범인 이 병장한테서 폭행을 당한 피해자이기도 했다. 특히 이 일병은 윤 일병이 전입해 오기 전까지 윤 일병의 '대역'이나 마찬가지였던 것으로 보인다. 이 병장은 이 일병에게 치약 한 통을 다 짜서 먹게 하거나, 얼굴에 대고 물을 뿌리는 등 '물고문'을 하기도 했다. 지 상병 역시 후임자 관리를 제대로 못한다는 이유로 이 병장에게 '죽지 않은 것이 신기할 정도로' 폭행을 당했다고 한다. 결국 폭력이 폭력을 낳았다. 지 상병은 어느 때부터인가 이 병장이 휴가를 가고 없을 때도 윤 일병에게 폭력을 행사하기 시작했다. •

부대 내 폭력 행태를 보면 학교 폭력이 떠오른다. 장소만 다를 뿐 폭력의 에너지가 나오는 근원은 한결같다. 이 일병은 윤 일병이 막내로 오기 전까지 자신에게 꽂히는 모든 폭력을 온

• 박기용·최우리 기자, 〈간부들 눈 피해 잔혹한 폭력⋯병영 곳곳 감독 사각지대〉,《한겨레》, 2014년 8월 3일.

몸으로 품었다가 윤 일병에게 고스란히 물려주었다. 폭력의 원죄자는 따로 있는데, 이 일병과 윤 일병이 폭행 가해와 피해의 당사자가 된 것이다.

학교 폭력을 다룬 〈니 부모 얼굴이 보고 싶다〉라는 영화가 2022년에 개봉했다. 영화에는 국제중학교에 다니는 다섯 학생이 등장한다. 그중 김건우라는 학생이 죽은 이유는 친구들의 학폭 때문이었다. 그런데 내용이 전개되면서 애초 학폭의 피해자는 김건우가 아닌 친구 강한결이었다는 사실이 밝혀진다. 도윤재, 정이든, 박규범 이들 가해자 셋은 학폭의 대상을 강한결에서 김건우로 바꾼다. 이에 강한결도 학폭에 가담하게 된다. 앞의 군부대 상습폭행 사망 사건에서 폭행의 대상이 이 일병에서 윤 일병으로 바뀌는 상황이 오버랩된다. 김건우는 친구 강한결에게 네가 다른 세 명(학폭 가해자)보다 더 나쁜 새끼라며 절규한다. 폭행을 일삼는 학폭 가해자들이 엄연히 존재하는데 피해자인 김건우와 강한결이 서로를 적대시하게 된다.

윤 일병이 사망한 지 7년이 지나 법원은 윤 일병 사건에 대해 국가의 책임을 물을 수 없다고 판결했다(가해자를 상대로 한 손해배상소송에서는 승소했다). 군대에 변화를 일으키려면, 엔트로피 법칙에서처럼 군 내부라는 계에서 온도 차이가 발생하게

일상 속 해석노동

끔 해야 한다. 지금처럼 군이 군을 재판하는 경우 같은 계 안의 온도는 균일한 상태라고 볼 수 있다. 균일한 상태에서는 어떠한 일도 일어나지 않는다. 어떠한 일이 일어나게 하는 에너지가 발생하지 않는 것이다. 이는 곧 계 내에 무질서가 계속 높아진다는, 즉 엔트로피가 계속 쌓인다는 말이다. 엔트로피를 줄이려면 계 외부에서 저低엔트로피 자원을 공급받아야 한다. 군 내부 계의 무질서도를 바로잡기 위해 외부에 의탁하는 것이다. 그렇지 않으면 어떠한 일도 발생하지 않는다.

군은 자기 집단의 위신을 훼손하는 또 다른 엔트로피가 발생하는 것이 두려워 자정 노력을 게을리한다. 상명하복의 군대 문화는 일방적인 복종의 시스템이다. 이 시스템에서는 어떠한 의구심이나 비판의 틈도 허락되지 않는다. 군대야말로 순수한 해석노동의 대물림이 이루어지는 곳이다. 상급자 앞에서 알아서 '기어야' 하고, 내가 당하지 않으려면 하급자를 '갈궈야' 한다. 비판적 피드백은 있을 수 없다. 이처럼 폐쇄된 곳에서의 자정 노력이란 의례적이고 형식적일 따름이다. 그렇기에 외부에서 줄기차게 관심을 가져야만 한다.

—— 과잉 해석노동자 이근안

　　김근태 전 장관의 투병 생활이 보도되면서 이근안의 행적이 다시 주목되고 있다. (중략) 이 씨는 인터뷰에서 자신은 고문 기술자가 아니며 "굳이 기술자라는 호칭을 붙여야 한다면 심문 기술자가 맞을 것 같다"며 전기고문 등 고문 수사 행위를 전면 부인했다. "논리로 자신을 방어하려는 이와 이를 깨려는 수사관은 치열한 두뇌 싸움을 벌인다. 그런 의미에서 심문도 하나의 예술이다. 비록 나는 그 예술을 아름답게 장식하지 못했지만." 그러면서 그는 그때로 돌아가도 똑같은 일을 하겠다고 밝혔다. 그리고 자신의 행위를 '애국'이라고 표현했다.•

　　이 씨 가족을 기억하는 이웃들은 조금씩 다른 입장을 보였다. 어떤 이는 "가장이 저지른 일인데 가족이 무슨 죄가 있느냐, 고생하는 모습이 안됐다"고 했고 또 어떤 이

• 김도형 기자, 〈'고문 기술자' 이근안 "그건 일종의 예술이었다"〉, 《한겨레》, 2011년 12월 12일.

일상 속 해석노동

는 "얼마나 많은 사람들이 그 사람 때문에 피눈물을 흘렸는데 그 가족들을 동정하냐"며 언성을 높이기도 했다. 법이 내린 죗값을 치르고 다시 세상에 나왔지만 20년 가까운 가장의 부재는 부인 신 씨를 비롯한 가족 모두에게 고스란히 삶의 무게로 남은 듯했다. (중략) 부인 신 씨를 만난 건 11월 18일 오전 9시경이었다. 빨간색 점퍼 차림의 그는 연배에 비해 젊어 보이는 편이었다. 폐지를 담은 작은 수레를 끌고 집으로 돌아오던 그는 기자가 신분을 밝히고 인터뷰를 요청하자 "아무 할 말이 없다"며 신경질적인 반응을 보였다. 지난 99년 남편이 자수했을 당시 신 씨는 취재진에게 "일밖에 모른 남편이 잘못한 게 뭐냐, 남편은 위에서 시키는 대로 했을 뿐인데 모든 것을 남편에게 뒤집어씌우려 한다"고 항변했지만 이제는 극도로 말을 아끼는 모습이었다. •

아무리 시대적인 상황에 놓여 있더라도 이근안의 고문 행위

• 박연정 기자, 〈만기 출소한 '고문 기술자' 이근안의 알려지지 않은 가족사〉, 《레이디경향》, 2006년 12월 호.

는 면죄의 대상이 될 수 없으며 변명의 여지가 있을 수 없다. 고문 기술자 이근안은 윗사람으로부터 해서는 안 될 명령을 받았을 때 그것을 반드시 해야 하는 업무로 받아들였다. 한나 아렌트Hannah Arendt가 말한 '사색하지 않는 인간'이었던 셈이다. 그는 사색 대신 상부의 명령을 지나치게 해석하는 노동을 했다. 자신이 과잉 해석노동자라는 사실을 인식하지 못했을 것이다.

"일밖에 모른 남편이 잘못한 게 뭐냐, 남편은 위에서 시키는 대로 했을 뿐인데 모든 것을 남편에게 뒤집어씌우려 한다"라는 부인 신 씨의 말에서는 앞서 소개한 〈소드방놀이〉의 윤관영이 떠오른다. 마을 사람들은 사창미를 횡령한 사또가 처벌의 대상이 될 수 있다는 생각조차 하지 못했다. 마찬가지로 이근안을 이용해 독재 권력을 유지하려 한, 상부에서 군림했던 자들은 아무도 책임을 지지 않았다.

—— 노동조합과 해석노동

우리는 노동자들이 대규모 시위나 집회를 열어 목소리를 내는 광경을 언론을 통해 접하곤 한다. 언론에 노출되는 빈도가 잦을수록 시위가 일상처럼 느껴지지만, 노동자가 연대해

일상 속 해석노동

시위 개최를 결정하기까지 이르는 일은 쉽게 일어나는 현상이 아니다. 노조 조합원인 노동자들 간에도 근로 조건을 보는 시각이 제각각이기 때문에 하나의 사안을 두고 결론에 도달하기까지의 과정이 쉽지 않다.

2022년 5월 방영한 KBS〈시사직격〉118화에는 파리바게뜨 제빵기사의 인터뷰가 나온다. 두 아이의 엄마로 육아휴직 중인 제빵기사 김 씨는 둘째를 임신했을 때 노동조합으로부터 많은 도움을 받았다고 한다. 임신한 노동자는 단축근무를 할 수 있다는 정보 등을 민주노총 SNS를 통해 접하고 또 직접 연락해 여러 정보를 얻었다고 한다. 김 씨는 둘째 아이를 출산하고 육아휴직을 한 지 두 달 만에 회사 제조장(관리자)으로부터 "민노(민주노총)에 가입돼 있냐? 어떻게 탈퇴 안 되냐?"라는 부탁과 함께 "복직하실 거죠?"라고 묻는 연락을 받았다. 육아휴직 기간이 10개월이나 남은 상황에서 노조를 탈퇴하라고 부탁받은 것인데, 결국 그 제조장이 노조 탈퇴서를 대신 작성해 제출했다고 한다. 김 씨는 노조와 무관한 사측의 간부가 대필까지 하면서 노조를 탈퇴시키는 이유가 궁금했지만 물어보지는 못했다고 한다.

"솔직히 윗사람이니까 무섭죠. 제조장의 진급에도 영향이 있으니까 안 좋게 보일까 봐. 아이를 키우다가 갑자기 연락 오니까 가슴이 쿵쿵대고 '복직할 수 있겠지' 이런 생각도 들고…."

육아휴직 후 복직 여부를 두고 특정 노조 탈퇴를 압박하며 부당노동행위를 조장한 제조장에 대해서 김 씨는 무서움이라는 감정과 더불어 제조장의 진급을 걱정하는 감정까지 느꼈다. 엄연히 근로기준법을 위반한 가해자를 피해자인 노동자가 오히려 걱정해주는 심리노동을 하고 있는 셈이다.

또 다른 제빵기사는 지인이 먼저 민주노총을 탈퇴하고 한국노총으로 갔는데, 자신도 민주노총에서 탈퇴된 사실을 나중에야 알았다고 한다. 알고 보니 탈퇴서를 제출한 이는 그의 과거 중간관리자였다.

파리바게뜨는 회사가 원하는 노조에 가입하길 권유하고, 회사가 껄끄럽게 생각하는 특정 노조에 가입한 노동자들에게는 탈퇴를 압박했다. 파리바게뜨 전직 중간관리자는 다음과 같이 증언한다.

"민주노총 제조기사를 한국노총으로 옮기면 본부장님이 돈을 주더라고요. 그 중간관리자가 남자였는데 한 명을 옮겼는지 두 명을 옮겼는지는 모르겠어요. 아 누구누구 중간관리자 고생했어, 이러면서 오만 원을 주더라고요. 그러고서 이만 원, 삼만 원, 만 원, 오천 원 이렇게 수시로 줬죠, 본부장님이. 돈 오만 원, 만 원, 오천 원 받으려고 제조기사들을 찾아가는 게 아니라 그만큼 압박이들어오니깐. 그 돈 때문에 누가 그거 하겠습니까? 압박때문에 그나마 좀 안 혼나려고, 부장한테 칭찬받으려고한 명이라도 일단 데리고 가려고 하는 거죠, 다들."

관리직이라 하더라도 그보다 상급자의 지시를 따르지 않으면 생존의 무대에서 사라져야 하는 시스템에서는 동료 노동자나 하급자를 생존을 위한 디딤돌로밖에 여기지 않게 된다. 그누가 해석노동에서 자유로울 수 있을지 의문이다.

2010년 1월 1일 국회에서 노동관계조정법 수정안이 가결되었다. 이어 2011년 7월 1일 시행된 노동관계법 개정안에는 복수노조 허용과 교섭창구 단일화가 포함되었다. 이에 대해 이남신 서울노동권익센터 소장은 다음과 같이 이야기한다.

"복수노조 허용이라는 것은 노조를 만들기 어려운 비정규직이나 다수 노조를 만들기 쉽지 않은 조건에 있는 노동자들도 노동권을 좀 확보할 수 있도록 하자는 취지가 컸거든요. 그런데 독소조항인 교섭창구 단일화로 한 명이라도 더 많이 조합원을 확보하면 교섭권을 독점하는 게 되니까 복수노조를 보장해야 한다는 근본 취지가 완전히 훼손된 거예요."

교섭창구 단일화 조항은 교섭 비용을 줄이고 교섭 과정에서 혼란을 막는다는 장점이 있으나 노조 간의 분열을 부추기고 사측에 교섭 선택권을 부여하는 방식이라는 점에서 악용될 소지가 크다. 복수노조 허용이라는 노사문화의 진일보한 조항과 교섭창구 단일화라는 이 보 후퇴한 조항이 하나의 법안에 병존하는 탓에 노동자들의 해석노동이 심화하는 결과를 초래하지는 않을까 우려된다.

—— 조직 내 성적 괴롭힘

직장갑질119의 〈직장인 성희롱, 괴롭힘 실태 보고서〉에 따르면 직장 내 성희롱은 행위자와 피해자 간에 위계 관계

일상 속 해석노동

가 존재하는 경우가 89퍼센트이다. 그중 행위자가 사업주, 대표이사인 경우가 29.4퍼센트에 이르는데, 놀라운 사실은 남녀고용평등법은 고용 관계가 있는 경우에만 직장 내 성희롱을 인정하기 때문에 원청 직원이 하청업체 소속 직원을 성희롱해도 직장 내 성희롱에 해당하지 않는다는 점이다. 또한 여전히 근로기준법상 근로자로 인정하지 않는 특수형태근로종사자는 직장 내 성희롱 조사 대상에도 포함되지 않는다. 예컨대 방송국 조연출, 작가와 같은 특수형태근로종사자들은 직장 내 성희롱에 대응할 방법이 없는 법의 사각지대에 놓여 있다.●

조직 내 성희롱이 끊이지 않고 계속되는 이유는 상급자와 하급자 간의 권력관계에 기반한 힘의 불균형 때문이기도 하지만, 장기적 관점에서 조직의 분위기가 성희롱에 대한 암묵적 공감대를 형성하게 하는 측면은 없는지 생각해 봐야 한다. 특히 성과 관련한 범죄는 피해자가 가해자 취급을 당하는 경우가 많아서 직장 내 성희롱을 신고한 피해자가 징계, 따돌림 등의 불리한 처우를 당하곤 한다. 직장갑질119에 제보한 다음

● 직장갑질119·(재)공공상생연대기금, 〈직장갑질119 제보 사례 전수 분석을 통해 본 직장인 성희롱, 괴롭힘 실태 보고서〉, 2021.

사례들을 보면 조직 분위기가 어떠한지 쉽게 짐작할 수 있다.

○ 여러 명의 성희롱 피해자 중 한 사람입니다. 가해자가 징역을 선고받고 해고되면 모든 게 끝날 줄 알았습니다. 그런데 다른 상사들이 우리 회사를 시끄럽게 만들었다고 가해자를 두둔하고, 저희를 괴롭히기 시작했습니다. 상여금도 안 나오고, 눈치 주며 따돌립니다. 성추행 사건 이후로 손익이 줄었다고 저희 탓으로 돌렸습니다.

○ 파견된 회사에서 당한 각종 성희롱에 대해 아웃소싱 업체에 말하자 업체 측에서는 업체 대표와 회사 대표가 전화해 이런 일이 다시는 일어나지 않도록 말하겠다고 했지만, 몇 달이 지나도록 말하지 않고 있습니다.

○ 성희롱, 성추행 사실을 폭로했더니 돌아오는 건 가해자들의 사과는커녕 그냥 대표님은 구두로 경고 조치 내렸다고, 대신 사과한다고 한마디로 끝났고요, 저희는 그 후에 더 혹독하게 갑질을 당했고, 결국 해고 통보를 받았습니다.

○ 저는 관리자와 인사 담당자에게 직장 내 성희롱 및 괴

일상 속 해석노동

롭힘을 신고하고 정당한 격리 조치 및 전환 배치 요구를 하였지만, 역으로 부당해고를 당했습니다.

o 회사의 남자 직원의 성희롱에 대해 항의하고 피해를 호소하였는데, 회사에서는 성희롱 사안임을 은폐하고 피해자가 남자 직원을 좋아한 것처럼 공개적으로 모욕했습니다. 사장님은 성희롱 피해자를 모욕하는 내용을 넣어 전체 직원들에게 메일을 보냈습니다. 상도 받으며 업무능력을 인정받았는데 갑자기 업무평가가 최하로 바뀌었습니다.

o 회사 내 몰카범을 잡았는데, 피해자에게 고소 취하할 것을 강요하면서 당연히 남직원이 아니라 여직원을 자를 거라고 하더라고요. 고소 취하를 거부하자 먼 곳으로 발령 당했습니다.

o 상사를 신고했다는 이유만으로 집단 따돌림은 물론이고 휴가 신청 반려, 부당한 인사이동이 있었습니다. *

• 〈직장갑질119 제보 사례 전수 분석을 통해 본 직장인 성희롱, 괴롭힘 실태 보고서〉, 34쪽.

해석노동은 타자의 시선으로 자신을 판단하려는 습성이며, 나를 타자에게 대상화하여 스스로 타자에게 종속시키려는 성향이 습성화된 심리노동이라는 점을 다시 한번 생각해 보자. 위의 사례에서 드러나듯 가해자가 징역형을 선고받았는데도 조직 구성원들은 가해자를 동정한다. 상급자가 하급자를 하대하고 성별 고정관념에 따른 역할을 강조하는 권위적인 조직 분위기에서는 누구나 성희롱의 잠재적 피해자가 될 수 있는데도 해석노동에 길든 나머지 가해자를 보호해 줘야 한다고 생각한다. 직장 내 성희롱의 가해자가 사장이라면, 사장의 시선으로 가해자의 상황을 판단하고 사장에게 나를 대상화하여 심리적으로 종속된 상태에서 가해자에게 연민을 느끼게 되는 것이다.

해석노동의 개념에서 강조하고 싶은 점은, 해석노동의 수혜자인 가해자를 가해자로 인식하지 못하고 피해자 스스로 가해자가 된 감정을 느끼면서 죄책감과 수치심을 갖는다는 사실이다. 이러한 해석노동의 공감대가 형성되어 있는 조직에서는 직장 내 성희롱이 사라지지 않을 것이다.

일상 속 해석노동

—— 해석노동 수혜자의 노 룩 패스

2017년 5월, 이른바 '노 룩 패스no look pass' 논란이 일었다. 원래 노 룩 패스란 농구 경기 등에서 수비수를 속이기 위해 자기편을 보지 않고 다른 방향을 보면서 패스하는 동작을 일컫는다. 그런데 김무성 당시 바른정당 의원이 입국할 때 공항에서 대기하던 관계자를 쳐다보지도 않은 채 캐리어를 휙 밀어 넘기는 모습이 카메라에 잡히자 사람들이 이에 빗대어 풍자한 것이다. 당시 가방을 굴리는 김 의원의 모습이 담긴 '움짤'은 미국 최대 온라인 커뮤니티인 레딧에 공유되며 한때 인기 포스트 1위에 오르기도 했다. 기자에게 노 룩 패스에 대해 질문을 받은 김 의원은 "그게 이상하게 보이나. 보여서 밀어주었는데… 관심도 없고 해명할 생각도 없다. 일이나 해라"라는 반응을 보였다고 한다.

해석노동을 수행하는 입장에서는 캐리어가 굴러서 올지, 손으로 건네질지 잘 살펴야 한다. 해석노동을 하게끔 하는 입장에서는 방법이야 어떻든 가방만 건네면 그만이다. 노 룩 패스에서 '노 룩'의 주체는 해석노동의 수혜자이다. 해석노동자는 항상 수혜자를 주시해야 한다. 반면 해석노동의 수혜자는 해석노동자를 쳐다보지 않는다. 이처럼 해석노동의 시선은 일방

통행이다.

—— 대학의 서열 = 미래의 서열

시간강사였던 오찬호는 저서 《우리는 차별에 찬성합니다》(개마고원, 2013)에서 20대 대학생들이 얼마나 대학 브랜드에 매몰되어 있는지 묘사하고, 본인이 다니는 대학의 서열에 따라 삶을 미리 결정해 버리는 세태를 그렸다. 책에 따르면, 대학생들은 수능 점수를 공정한 경쟁을 통해 실력이 평가된 공정한 결과로 받아들인다고 한다. 객관적 대입선발제도인 수능에서 얻은 점수가 다른 논의 자체를 불가능하게 할 만큼 신념 수준이 되었다는 것이다. 이는 결과를 만들어내는 여러 요소에서 개인의 노력 이외의 변수를 고민하지 않는 것으로, 그렇게 되면 수능 점수의 차이는 차별의 타당하고 절대적인 기준이 된다. 자신이 다니는 대학의 간판이 미래를 좌우하는 셈이다.

대학의 서열은 삶의 평가 지표 중에서 가장 상위에 있는 요소가 되어버렸다. 그리고 합리적 가치관이 자라나는 청소년기의 대뇌피질에 학벌의 위계화가 각인되어버린다. 학교를 나온 뒤 사회에서도 평가 기준에서 학벌이 빠지지 않으며, 그 학벌의 힘을 통해 지대가 형성된 영역에서는 이러한 대학 브랜드

일상 속 해석노동

를 통한 가치의 세습이 계속해서 이어진다. 어쩌면 학생 개인의 실천적 학습을 통한 대학 간판이라는 지대추구행위의 본질이 상아탑의 서열화이며, 그 상아탑 속에서 서열 경쟁이 이미 내면화되어 있는 것일지도 모른다. 다시 말해 사회생활을 하면서 '열등한' 대학 출신에게는 지대를 추구할 기회조차 주지 않는 것이 합당하며, 이른바 명문대 출신은 중·고등학교 시절 성실하게 공부해서 공정하게 좋은 대학에 들어갔으니 사회에서 인정해달라는 가치관이 형성되어 있을 수 있다. 결국 차별을 인정해달라는 주장이다.

이러한 인식이 내면화된 대학생이 졸업해 조직의 구성원이 되고 의사결정 권한이 있는 지위에 오른다고 생각하면 기분이 개운치 않다. 인정욕구가 큰 사람은 서열문화를 중시한다. 인정욕구와 서열의식은 일란성 쌍둥이처럼 닮았다. 인정욕구나 서열의식은 경쟁의식을 유발하고, 경쟁에서 이긴 사람은 특권의식을 최고의 가치로 여길 가능성이 크다. 특권의식이 있는 사람이 조직의 장이나 관리자가 되거나 타인에게 권한을 행사할 수 있는 위치에 오르면 타인에게 해석노동을 하게 한다. 해석노동 유발자가 되는 것이다.

《오마이뉴스》에 실린 〈"학벌 차별 없다면, 누가 밤새워 공부하겠어요?"〉라는 기사를 쓴 교사는 23년 동안 아이들을 만나면서 설득을 포기한 게 하나 있는데, 그게 바로 학벌 문제라고 한다. 드물게 학벌의 폐해를 문제 삼는 아이들도 하나같이 학벌 구조가 해체되기란 불가능하다고 잘라 말한다고 한다. 남들로부터 인정받고자 하는 욕구는 인간의 본능이고, 학벌만큼 확실한 '증명서'는 없다는 논리이다. 놀라운 점은, 명문대 본교·분교 간의 통폐합 문제라든가 서울에 있는 대학에 다니는 학생이 지방사립대에 다니는 학생을 비방하거나 업신여기는 문제 등에서 아이들이 학벌 구조상 약육강식의 태도를 당연시한다는 사실이다. 한 예로, 2021년 5월 19일 고려대 세종 캠퍼스 학생이 본교 총학생회 임원으로 임명됐다가 본교 학생들의 반대로 취소된 사건이 있었다. 이 과정에서 세종 캠퍼스 학생을 향한 온갖 비하 발언이 쏟아졌다. 그런데 일의 책임이 본교 총학생회 임원을 '넘본' 지방 캠퍼스 학생에게 있다는 데 아이들 대부분이 동의했으며, 지방 캠퍼스 출신이라면 속으로 분을 삭여야지 밖으로 표출할 권리는 없다고도 했다고 한다. •

• 서부원, 〈"학벌 차별 없다면, 누가 밤새워 공부하겠어요?"〉, 《오마이뉴스》, 2021년 5월 27일.

일상 속 해석노동

본교 총학생회 임원 임명이 취소된 지방 캠퍼스 학생은 이 사건을 통해 출신 학교나 서열, 배경 등을 끊임없이 의식해야 하는 해석노동을 하면서 살아가야 할지도 모른다는 유쾌하지 않은 학습을 하게 된 셈이다.

—— 학벌주의라는 경쟁 필드의 낙오자 특성화고교생

2021년 10월 6일 전남 여수의 선착장에서 현장실습을 하던 특성화고 3학년 홍정운 군이 숨지는 사고가 발생했다. 홍 군은 7톤 요트 바닥에 붙은 따개비 등을 제거하는 수중 작업 중 사망했다. 홍 군은 잠수 작업을 하다가 장비를 정비하기 위해 잠시 수면 위로 올라왔고, 산소통과 오리발을 벗어 업주에게 건넸다. 그러나 기초 교육도 없이 잠수 작업에 내몰린 홍 군은 몸을 가라앉게 해주는 납벨트를 제일 먼저 해제해야 한다는 안전 수칙도 모른 채 차고 있던 12킬로그램 무게의 납벨트 때문에 물속에서 빠져나오지 못한 것으로 알려졌다. •

• 민주언론시민연합, 〈여수 특성화고생 사망 사건 보도하지 않은 언론은〉, 《미디어오늘》, 2021년 10월 16일.

2016년 구의역 승강장 안전문 수리 도중 사망한 19세 직원, 2017년 전주 콜센터 상담원으로 일하다 숨진 고3 학생, 같은 해 제주 생수공장에서 기계에 몸이 끼여 사망한 고3 학생 모두 특성화고 실습생이거나 실습 나간 업체에 고용된 노동자였다. 2017년 두 건의 사망 사고로 정부는 현장실습 제도에 대한 개선안을 제시하며 근로 중심 현장실습을 학습 중심 현장실습으로 전환하겠다고 했다. 1963년 도입된 고교 현장실습은 사실상 사업장에서 학생 신분으로 노동자처럼 일하는 것이었다.

경쟁의 결과 대학이라는 서열에 끼지 못한, 또는 그 대열에 일부러 합류하지 않은 이들은 학벌 문화에서 자유로울 수 있을까? 2020년 특성화고등학생권리연합회가 발표한 〈특성화고 학생·졸업생 교육·노동환경 및 차별 실태조사〉를 살펴보면 그렇지 않은 듯하다. 특성화고 졸업생 인터뷰를 통해 임금에서의 차별, 승진과 대우에서의 차별, 직무에서의 차별 등이 확인되었으며, 한 졸업생은 일터에서 대졸 신입이 들어왔을 때 고졸 직원에게는 인사조차 시켜주지 않는다고 진술했다. 고졸은 승진이 되지 않아 10년 넘게 다녀도 말단 직급 그대로인 사례도 있었다.

실태조사에 따르면, 특성화고를 선택하는 이유로는 졸업 직

일상 속 해석노동

후 대학 진학 대신 취업을 하고 싶다는 이유가 가장 많았다. 여기에는 본격적인 저성장 시대로 접어들면서 대학 졸업 후에도 미취업자가 많은 시대상이 반영되었는지도 모른다. 하지만 답변을 보면 술, 음료, 경제, 그림, 농업, 전자, 사회복지, 방송, 항공 등 관심 분야가 다양하며, 좀 더 이른 시기에 자신의 미래에 대해 고민하며 자신의 관심 분야와 연계해 특성화고를 선택했다는 점이 두드러진다. 이는 특성화고 학생들은 공부를 싫어하고 못하는 학생들이라는 기존의 편견에 의문을 제기한다. 따라서 기존 대학 교육의 획일화된 관점 대신 전문성과 다양성이라는 교육 가치 측면에서 특성화고 제도에 접근해야 한다.

조해진의 단편집 《환한 숨》(문학과지성사, 2021)에 수록된 소설 〈하나의 숨〉에 등장하는 '하나'는 졸업하기 전 평택에 있는 중소기업 플라스틱 사출 공장에서 현장실습 명목으로 일하기 시작한 특성화고 학생이다. 하나는 실습 나간 업체에서 추락사고를 당해 의식을 잃는다. 하나의 담임인 기간제 교사는 그 학교에서 경력이 가장 오래된 정교사에게 하나를 돕자고 하지만, 정교사는 처음부터 감당 못 할 일은 하지 않는 게 여태까지 세상을 살아본 이치라며 거절한다. 이에 대해 소설은 말한다. "모두가 공평하게 비정하다면 한 사람의 비정은 모두의 비정으로 희석된다고, 세상 어디에도 더 비정한 비정은 없다"라고.

담임 교사를 만난 하나의 어머니는 자신이 못나서 하나가 저렇게 되었다며 고등학교 중퇴에 비혼모인 자신을 한없이 탓한다. 사회 구조를 탓하기에 앞서 모든 게 자신이 못났기 때문이라는 식으로 세상을 보는 대목에서 해석노동자의 비애가 느껴진다.

특성화고 학생들이 노동 현장에서 죽어 나가는 현실에서 조금도 나아지지 않는 사회를 보면서 마치 해탈한 사람처럼 정교사가 기간제 교사의 제안을 거절하는 장면 또한 굉장히 현실적이다. "모두가 공평하게 비정하다면 한 사람의 비정은 모두의 비정으로 희석"되고 "세상 어디에도 더 비정한 비정은 없다"라는 구절은 분명 해석노동의 수혜자인 모든 기득권층이 마음속에 품고 있는 황금 같은 명언일 것이다.

—— 은폐되는 산업재해

산업재해 보상 업무를 하면서 보니 언제부터인가 국민건강보험공단으로부터 산재 신청을 해야 한다고 안내받았다며 오래전에 발생한 산재 사건을 접수하는 일이 늘고 있다. 재해 발생일로부터 6개월 이상 지난 재해가 많았다.《한겨레21》

일상 속 해석노동

의 〈'산재 은폐'를 바라보는 서로 다른 시각〉이라는 기사를 보고 나서야 그 이유를 알게 되었다. 국민건강보험공단은 산재로 발생한 진료비를 건강보험으로 청구한 사례를 적발하기 위해 자체 전산 프로그램을 이용해 매월 부당 진료 가능성이 큰 8500건을 뽑아 조사한다. 소방청의 119구급활동일지와 수협중앙회 어선원 재해건강보험 진료 자료 등을 활용해 환자의 직업과 사고 발생 장소 및 원인 등을 검토한 뒤 산재 가능성이 큰 건을 조사하는 식이다. 그 결과 2019년에만 8647건, 10억 2300만 원을 환수했으며, 고용노동부가 적발한 산재 미보고 사업장에서도 건강보험 진료비를 환수하고 있다고 한다.[*]

아름다운재단과 노동건강연대는 2019년 한 해 동안 '산재 보상 사각지대 해소를 위한 지원사업'을 진행했다. 산업재해로 경제적 곤란을 겪는 노동자들에게 생계 지원과 법률 지원을 하고, 산재가 왜 빈곤으로 이어졌는지 파악하기 위해 그중 20명을 심층 인터뷰했다. 이들이 경제적 곤란에 빠진 이유는 다양했지만, 가장 큰 공통점은 산재 신청의 문턱이 너무 높다

[*] 변지민 기자, 〈'산재 은폐'를 바라보는 서로 다른 시각〉, 《한겨레21》 1298호, 2020.

는 것이었다.

산재 신청 과정에서 가장 큰 어려움은 사업주의 고의적인 방해와 비협조였다. 20명 중 16명이 이로 인해 어려움을 겪었다. 이들은 대부분 소규모 사업장 소속이었다. 앞서 《한겨레21》이 윤소하 정의당 의원실을 통해 국민건강보험공단에서 산재 은폐 자료를 받아 분석한 결과에서도 건강보험 가입자 수가 300명 이하인 사업장에 소속된 은폐자 비율이 87.1퍼센트였다.

대기업의 하청을 받는 소규모 회사들은 '위험의 외주화' 탓에 상대적으로 산재가 많이 발생한다. 그런데 산재 사실을 외부로 알리면 회사가 원청에서 일감을 못 받을 가능성이 커진다. 회사는 산재를 신청하지 말고 공상(회사 자체 보상·산재 은폐의 일종)으로 보상해주겠다고 노동자에게 읍소·설득·압박·협박하는 일이 잦다.

노동자 대부분은 회사와의 관계가 나빠지는 걸 원치 않아 이런 요구를 따르게 된다. 그런데 공상은 대부분 산재보다 불리하다. 당장 치료비와 생계 보장에는 차이가 없을지라도 추후 합병증이 생기거나 재발했을 때 회사가

일상 속 해석노동

보상해준다는 보장이 없기 때문이다. (중략)

가뜩이나 몸을 다쳐 힘든데 산재 신청 과정에서 회사와 다투다 보면 대부분 마음의 상처를 입는다. 전은미 씨는 같은 계약직 동료들이 재계약이 안 될까 봐 목격자 진술서를 써주지 않았다. 전 씨는 이렇게 말했다. "그 배신감은 겪어보지 않으면 몰라요. 정말 죽고 싶어요. 너무 울었어요. 동료들한테 받은 배신감이 더 커요." 결국 동료가 아닌, 같은 공간에서 일하던 다른 회사 소속 직원에게 목격자 진술서를 받아 산재를 신청했다.

국민건강보험이 용역 발주해 서울대 산학협력단이 수행한 〈산재 은폐로 인한 건강보험 재정 누수 방지 방안 연구〉(2018) 보고서에는 업종과 사업장 규모 등을 안배해 노동자 1090명에게 설문조사 한 결과가 담겼다. 1090명 중 산재가 발생하면 무조건 산재로 요양 신청을 할 거라는 노동자는 35퍼센트에 불과했다. 나머지 65퍼센트는 공상으로 처리하거나 건강보험으로 개별 처리할 것이라고 답했다. 산재를 산재보험으로 처리하겠다는 응답이 저조한 이유를 알기 위해 13가지 질문을 던졌다. 각각 5점 척도로 답을 받았는데 '매우 그렇다'와 '그렇다' 비율의 합이 가장 높게 나타난 질문 두 가지는 이것이었다. '회사 및 원·하청업체로부터 불이익을 받지 않으려고'(74.5퍼센트), '산업재해 건수 증가로 인해 회사가 불이익 받을까 봐'(63퍼센트).•

실제로 나는 산재 보상 업무를 하면서 산재 신청서인 요양급여신청서가 접수되어 재해 조사 과정에서 재해 이후 사업장 측과 공상 처리를 위한 절차를 겪었다는 노동자들을 종종 접한다. 근로기준법 2조에는 "사용자"를 '사업주 또는 사업 경영 담당자, 그 밖에 근로자에 관한 사항에 대하여 사업주를 위하여 행위하는 자'라고 정의하고 있다. 이 사용자는 조직 안에서 신분은 노동자로 되어 있지만, 역할은 사업주의 입장에서 업무행위를 하는 자다. 그러므로 이중 신분을 가지고 있는 조직 구성원이라고 할 수 있다. 업무상 사고나 질병으로 산재 신청서가 접수되어 해당 사업장의 담당자와 연락을 취하는 과정에서, 산재 노동자를 호의적으로 대하면서 신속한 산재 처리를 위한 노력에 힘쓰는 사업장이 있는가 하면, 산재 신청을 접수

• 변지민 기자, 〈막히고 또 막히고〉, 《한겨레21》 1298호, 2020.

일상 속 해석노동

한 노동자의 산재 처리에 반감을 드러내거나 해당 산재 노동자의 비성실함을 표현하기도 하는 사업장이 상존한다. 해석노동의 관점에서 산재가 발생한 사업장의 산재보험 담당자가 산재 노동자의 동료로 역할을 수행할지, 사업주를 대변하여 산재 접수보다는 공상 처리나 은폐를 위해 노력하는 사용자로 역할을 다할지는 그 조직의 해석노동 수혜자와 해석 노동 공급자인 노동자 간의 사용-종속 관계의 정도로 가늠할 수 있을 것이다. 사용자이기 전에 해석노동을 하는 동료인 담당자가 재계약을 빌미로 산재 처리라는 원칙보다는 공상 처리라는 변칙으로 해석노동을 남용한다면 은폐되는 산업재해가 줄어들지 않을 것이다.

—— 〈금쪽같은 내 새끼〉 속 해석노동

일반인의 현실적인 육아 문제를 다루는 프로그램 〈요즘 육아 금쪽같은 내 새끼〉 74회(2021년 11월 19일 방영)에서는 열한 살짜리 첫째 딸과 엄마 사이에 갈등이 있는 가족이 소개되었다. 사연의 주인공인 첫째 딸은 엄마와의 신체 접촉은 물론이고 엄마가 자기 물건을 만지는 것조차 극도로 싫어했다. 처음에 오은영 박사는 오염 강박이라고 진단했으나 문제의 뿌리는 더 깊었다.

아이는 어릴 때 할머니와 아빠가 너무 무서웠다고 털어놓았다. 그러한 무서움을 겪을 때마다 엄마는 직장에 있었기 때문에 보호자 역할을 하지 못했다. 중요한 문제는 사연을 보낸 가정 안에 힘의 불균형이 존재한다는 점이었다. 지금은 함께 살지 않는 할머니가 실질적인 보호자 역할을 했으며 아빠는 할머니에게 힘을 보태주었다. 아이의 눈에 엄마는 아무 힘이 없는 존재로만 보였다. 더군다나 평소 할머니로부터 엄마에 대한 부정적 이야기를 들어온 아이는 더더욱 엄마의 존재를 무의미하게 느꼈을 것이다. 결국 아이는 할머니와 아빠 앞에서 엄마를 부정함으로써 자신이 안전하다는 느낌을 받을 수 있었기에 엄마를 밀쳐내는 습성이 생겼다. 아이에게 가족은 할머니와 아빠였고, 엄마는 자신의 안전을 보장해 주지 못하는 존재로 인식되었다. 할머니와 아빠는 내 편이지만 엄마는 그렇지 못한 존재였다.

오은영 박사에 따르면, 어린아이는 가장 가까운 관계인 가족 안에서 권력을 감지하고, 힘 있는 편에 서야 비로소 안전하게 느낄 수 있음을 본능적으로 습득한다고 한다. 물론 모든 아이가 본능적으로 힘의 불균형을 느끼고 힘 있는 쪽에 편승하

　　　　　　　　일상 속 해석노동

고자 하지는 않을 것이다. 나름의 반항으로 그 힘에 맞서는 아이도 있을 테고, 집안의 실세를 알아차리고 필살 애교로 대처해 나가는 아이도 있을 것이다. 사연 속 아이는 열한 살의 어린 나이지만 가정 내 힘의 불균형을 알아차리고 힘 있는 쪽과 한편임을 표현하기 위해 엄마를 억지로라도 싫어해야만 했다. 사회에 나가기도 훨씬 전에 가정이라는 곳에서 할머니, 아빠라는 권력과 조화를 이루는 법을 체득한 것이다.

이러한 힘의 역학은 조직 안에서도 상시로 작동하고 있다. 물론 조직의 문화에 따라 권력에 대한 추종의 강도는 다를 것이다. 만일 구성원 모두가 예외 없이 사연 속 아이처럼 권력자를 추종하기 위해 다른 구성원을 배척해야 하는 조직이라면, 출근해서 퇴근할 때까지 권력자 입장에서 처신하고 해석하는 노동을 해야 할 것이다.

특정 가족 구성원을 소외시켜 유대감의 불균형을 초래함으로써 아이에게 권력이라는 공포감을 심어준 할머니와 아빠 같은 역할을 하는 이들이 우리가 소속된 조직에도 차고 넘친다. 그리고 그 곁에서 기생하려는 이들 또한 적지 않다. 조직 안에서 누군가는 아이에게 배척당한 엄마와 같은 역할을 떠안을 수밖에 없을 것이다. 생존을 위해 본능적으로 엄마를 배척해야만 했던 아이는 어쩌면 우리 자아의 본모습일지도 모른다.

—— 의전이라는 노동

사법연수원 인근 식당에서는 사법시험에 합격하고 사법연수원에 들어온 합격생에게 밥값을 10퍼센트 할인해 주는 관행이 있다고 한다. 팟캐스트 〈알릴레오〉를 진행한 조수진 변호사에 따르면, 밥값을 깎아달라고 흥정도 안 했는데 알아서 적게 받는 게 처음에는 불편하지만 곧 당연한 권리처럼 받아들이게 된다고 한다. 해석노동을 유발하고 자발적으로 해석노동을 행하는 관계는 공생하는 측면이 있는 듯하다. 여기서는 의전이 어떻게 해석노동으로 연결되는지 설명해 보고자 한다.

광주 광산구의회 의원들이 집행부 소속 청원경찰에게 수년간 대리 주차를 시켜온 사실이 보도되어 갑질 논란에 휩싸였다.* 구의회 의원들이 구의회 지하 주차장에 도착해 자동차 열쇠를 꽂아놓은 채 차에서 내려 의회로 올라가면 청원경찰 두 명이 내려와 대신 주차를 해왔다고 한다. 해당 구의회는 주차 공

---

* 정다움 기자, 〈청사 지키는 청원경찰이 '의원 전용 발레파킹 오분대기조?'〉, 《뉴스1》, 2021년 9월 12일.

일상 속 해석노동

간이 부족해 어쩔 수 없이 이어져 온 관행이라고 해명했지만, 의원들의 특권의식이 도를 넘었다는 비판이 거세게 일었다.

보통 우리는 채용되었을 때 입사 뒤 해야 할 구체적인 업무에 관해서 잘 묻지 않는다. 채용해 주는 것만으로도 감지덕지한데 업무에 대해서 어떻게 토를 달 수 있겠는가? 청원경찰은 청원주請願主와 배치된 기관·시설 또는 사업장 등의 구역을 관할하는 경찰서장의 감독을 받아 경비 구역 내에 한하여 '경찰관직무집행법'에 의한 경찰관의 직무를 행하는 사람이다. 구의회 의원들의 차량을 주차하는 일은 청원경찰의 업무가 아니다. 그렇다고 청원경찰이 자발적으로 구의회 의원들의 차량을 주차하겠다고 나선 것처럼 보이지는 않는다. 구의회나 관련 공무원들이 의전 차원에서 확립한 관행일 것이다. 일하라고 뽑아놓은 의원들이 구민 위에 군림하게끔 특권의식을 키워주는 일이 일상이 된 셈이다. 해석노동을 공급할수록 해석노동의 수혜자는 특권의식에 사로잡히게 된다. 그리고 해석노동의 피해자는 자신이 피해자인지도 모른 채 해석노동을 계속 공급하게 된다.

허의도는 《의전의 민낯》(글마당, 2017)에서 의전의 정의를 소개한다. 의전儀典은 일본에서 온 한자어로 정해진 격식에 따라 치르는 행사를 말하며, 외교적 성격을 띠는 경우 프로토콜 protocol, 즉 국가 간 공식 의례를 뜻한다.

의전이라는 낱말 자체에서 풍기는 상하종속적인 느낌 때문에 딱히 의전에 관심을 두지 않았는데, 2014년 4월 16일 발생한 세월호 침몰 사고의 구조 과정에서 의전 문제가 불거지면서 유심히 살펴보게 되었다. 국회 세월호 침몰 사고 국정조사특위 소속 야당 의원들은 청와대 핫라인 등 해경 상황실의 유선전화 녹취록을 분석한 결과 구조 작업에 필요한 헬기를 장관이나 해경청장 의전으로 돌린 정황을 확인했다.

16일 오전 11시43분 해경 본청은 제주청에 "해수부 장관이 현장 가신다는 것 알고 있나. 어차피 유류 수급하러 무안공항 간 김에 잠깐 태우고 오라"고 지시했다. "장관 편성 차 간다고 이동한다고는 이야기하지 말고요"라고도 했다. 현장 구조 중인 헬기를 장관 의전용으로 돌리면서 은폐 지시까지 한 것이다.

앞서 해경은 오전 9시 54분쯤 인천해경으로 전화를 걸어 "일단 이륙할 수 있도록 준비해주세요. 청장님이랑 타고 나가실 수도 있다"고 했다. "구조 임무보다 청장님 입

일상 속 해석노동

장할 수 있게끔 준비하라는 겁니까"라는 질문에 "예"라고
답했다.•

　세월호가 침몰하는 동안 전남본부 소방상황실이 목포
해양경찰에 수차례 전화를 걸어 중앙부처 간부의 의전을
문의하며 구조를 방해했다는 주장이 제기됐다.
　새정치민주연합 진선미 의원은 14일 국회 안전행정위
전체회의에서 안행부의 세월호 참사 현안보고가 끝난 뒤
질의를 통해 "침몰된 배 안에 있는 400명에 대해 소방에
서는 최우선 구조 대상이 아니라 소방본부장과 보건복지
부 고위 관계자들 앞에서 구조된 사람들을 보여줘야 하
는 의전이 먼저임이 너무나 명백하게 드러나고 있다"며
녹취록을 공개했다.••

• 김진우·구교형 기자, 〈세월호 사고 직후 청와대·해경 통화 녹취록 보
니… '상황 파악 무능' '눈 가리고 아웅' '구조보다 의전'〉, 《경향신문》,
2014년 7월 2일.
•• 박영준 기자, 〈"윗분 오신다" 구조보다 의전 먼저 챙긴 119〉, 《세계일
보》, 2014년 5월 14일.

소방상황실이든 해경이든 구조 업무를 최우선으로 하는 구조 전문가 집단이라 할 수 있으며 실제 위기 상황에서는 어떠한 외부 기관도 구조 업무에 개입할 수 없다. 그런데도 가장 시급한 시점에 굳이 현장에 나타나겠다고 하는 윗분들에게 그 어느 구조 집단의 전문가도 의전을 거부할 수는 없었던 모양이다. 수백 명의 목숨보다 형식적 예의를 갖춰 충성스러움을 보여줘야 하는 의전을 우선시하는 모습은 영혼 없는 자발적 복종이 몸에 배어 스스로 깨어 있는 사고를 하지 못한 결과이다. 이러한 영혼 없는 자발적 복종은 오랫동안 해석노동에 익숙해진 결과이기도 하다. 세월호 사고 이후 개인적으로 '의전'이라는 말을 들으면 영화나 드라마에서 봐온, 조직폭력배 조직원들이 도열해 우두머리에게 머리를 조아리는 장면이 떠오른다.

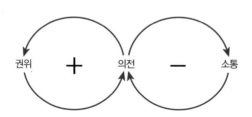

일상 속 해석노동

의전과 권위는 정비례하며 의전과 소통은 반비례하는 관계가 있다. 위 그림에서 의전과 권위는 정비례하기 때문에 +로 표시했다. 반면 의전과 소통은 반비례 관계이기에 −로 표시했다.

의전을 중시할수록 해석노동의 강도는 높아지는데, 그 노동의 강도는 곧 하급자의 노동 강도를 의미한다. 의전에 길든 의전 수혜자는 부하직원에 대한 해석노동을 할 수 없다. 아니, 해석노동을 하려던 마음마저 사라지게 하는 것이 바로 의전이다.

의전을 중시하는 문화가 강한 조직은 의전을 받는 조직의 리더와 조직 구성원 간의 거리를 멀어지게 한다. 즉, 권력간격지수power distance index가 높은 조직이다. 의전을 중시할수록 조직 구성원에게 해석노동을 권하는 셈이며, 장기적으로는 자발적 순응을 강요하는 것이나 마찬가지인 결과를 낳는다. 그리고 자발적 순응은 의전을 확장·발전시킨다.

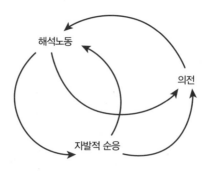

위 그림에서 의전과 해석노동은 정비례 관계이므로 의전과 해석노동은 한쪽을 증가시키면 다른 한쪽도 증가하는 양의 피드백 관계이다. 해석노동과 자발적 순응의 관계 역시 마찬가지이다.

앞의 첫 번째 그림과 연관 지어 생각해 보면, 결국 의전의 강조는 조직 내 소통을 가로막고 동시에 권위는 더 강화한다. 소통은 줄어들고 권위와 서열의식만 강조하다 보면 해석노동의 강도가 높아진다. 이는 장기적으로 노동자들에게 자발적 순응을 권하는 결과로 이어진다.

의전과 해석노동을 중시하는 조직 문화 속에 있는 조직원은 자발적 복종에서 벗어날 수 없고 조직 본연의 업무에서 전문성이 떨어질 수 있다. 의전을 수행하는 사람은 가시적 행위에 관심이 쏠려 정작 본 업무를 뒷전으로 밀어놓기 때문이다. 허의도는《의전의 민낯》에서 의전 수혜자뿐만 아니라 의전 수행자도 의전에 중독될 수 있다고 경고한다.

의전의 출발선은 예의다. 하지만 의전 자체가 경쟁 구도로 빠져들면서 상명하복과 아부의 수단으로 변질되었다. 폐쇄적이고 경직된 구조의 안락함을 사수하는 수단으로 의전만큼 좋은 것도 없다. 의전 수행만 하는 직원은 다른 업무는 못 할 가

일상 속 해석노동

능성이 크며, 전문성도 그만큼 떨어지기 마련이다. 특히 의전을 수행하는 목적이 윗사람에게 눈도장을 찍어 인사고과에서 유리한 고지에 오르기 위함이라면, 그러한 승진은 결코 전문성 있는 유능한 직원의 몫이 아니다.

—— 해석노동으로 바라본 최저임금 인상 논란

2018년은 유례없이 가파른 폭으로 최저임금이 인상된 해였다. 최저임금의 높은 인상은 최저임금 1만 원 시대를 공약으로 내세운 문재인 정부의 첫 행보였다. 언론은 연일 최저임금의 가파른 인상에 따른 사업주의 부담과 실업자의 증가를 염려하는 보도를 쏟아냈다. 최저임금 인상 효과에 대해 정부와 기업 측은 상반된 주장을 내세웠다. 정부는 '최저임금 인상 → 소득 증가 → 소비 증가 → 경기 활성화'라는 연쇄 효과가 발생해 경제에 긍정적 효과를 준다고 강조했다. 반면 기업측은 '최저임금 인상 → 사업주의 인건비 부담 → 직원 수 감소 → 실업자 증가 → 경기 위축'으로 이어진다고 주장하며 맞섰다.

최저임금제는 저임금, 비정규 노동자를 위한 제도이다. 최저임금이라는 의무에 영향을 받는 사업주는 영세 자영업자가 대부분일 것이다. 그래서 최저임금 인상 논란에서 늘 나오는 이야기가 '을(영세 자영업자)과 을(저임금 노동자)의 싸움'이다.

　최저임금이라는 개념에만 초점을 맞추다 보면 놓치는 부분이 있다. 대기업 또는 그에 준하는 규모의 기업 주체들이다. 최저임금 인상 문제를 두고 대기업은 늘 제삼자의 입장에 놓인다. 그러나 대기업과 얽혀 있는 업체들에는 대기업과의 단가 계약, 신용카드 수수료 등의 간접적 인상 요인이 있는데, 최저임금 인상 시 간접적 인상 요인을 인하하려는 노력을 찾아볼 수 없다. 이 또한 을끼리의 갈등을 부추기거나 강조하면서 갑의 책임을 잊게 만든다.

　나는 2018년 상반기 근로복지공단에서 일자리안정자금 지원사업을 처음 시행할 당시 홍보 업무를 담당했다. 그때의 경험을 바탕으로 미래학회 학회지에 〈일자리안정자금 지원제도의 확장을 위한 제언〉이라는 소논문을 게재했는데, 다음은 최저임금 인상에 따른 부담 완화책에 관해 서술한 내용의 일부이다.

　　2018년도의 급격한 최저임금 인상 당시에는 최저임금 인상으로 인하여 정부에서 행하는 사업이 일자리안정자

　　　　　　　　　　　　일상 속 해석노동

금 지원사업뿐인 것처럼 보이지만, 2017년 7월 16일 이미 관계 부처 합동으로 최저임금 인상에 따른 부담 완화를 위한 소상공인·영세중소기업 지원대책의 발표가 있었다. 지원대책 중에는 일자리안정자금 지원사업을 포함하여 두루누리 사회보험료 지원 확대, 신용카드 수수료 부담 완화, 부가가치세 등 세금 부담 완화, 가맹점·대리점 보호 강화, 적합 업종 제도 강화를 통한 영세기업 보호 등 총 76개의 세부 추진 계획이 들어 있었다. 이어 더불어민주당과 정부는 2018년 1월 18일에 당정협의를 개최하고 '소상공인·영세중소기업 지원대책 이행 상황 점검 및 보완 대책'에 대한 발표를 했다.

세부 추진 계획이 76개나 되지만 언론이나 매체에서는 일자리안정자금 홍보만큼이나 눈에 띄지 않고 있다. 예를 들어 최저임금 인상 시 로열티·필수물품 공급가격 등 가맹금을 조정하도록 표준가맹계약서가 개정되었고, 최저임금 인상 등으로 노무비 변동 시 수급사업자의 하도급 대금 조정·협의 신청권이 하도급법 개정으로 신설되었음에도 하도급 대금 조정 제도의 홍보가 덜 되고 있는 듯하다. 공정거래위원회가 공개한 자료를 보면 공정위의 '하도급 거래 서면실태조사'에서 하도급 대금 조정 요구를 했다고 대답한 하도급 업체는 2015년 28.1퍼센트, 2016년 29.5퍼센트, 2017년 30.1퍼센트에 불과했다. 하도급 대금 조정 요구를 받은 원청업체는 2017년 기준으로 전체 응답자의 7퍼센트였다. 제도 자체를 모른다고 응답한 하도급 업체도 50퍼센트나 됐다.

최저임금 인상으로 인한 인건비 부담 완화책이 일자리안정자금 지원사업이라는 한 가지 지원책만 있는 듯 착각하기 쉬울 것이다. 이러한 착각은 일자리안정자금 지원사업 이외의 대책은 사문화될 수 있는 우려가 생기는 이유이다. 최저임금 인상에 대한 다양한 보완 대책을 함께 연계시켜야 할 것이다.•

매년 최저임금 결정을 위한 위원회가 협의에 들어간다는 언론 보도가 나오면 최저임금 인상률에만 관심이 집중된다. 최저임금 인상과 관련한 제반 환경에 대해서도 관심을 보이고

• 양정호, 〈일자리안정자금 지원제도의 확장을 위한 제언〉,《미래연구》3권 2호, 미래학회, 2018.

일상 속 해석노동

적합한 여건을 조성하고자 노력해야 하는데 애석하게도 그렇지 못하다. 특히 최저임금 인상과 관련한 환경의 중심에는 대기업이 있다. 카드수수료 인하, 단가 계약 등의 문제에서 갑 중의 갑인 대기업이 하위 기업을 대하는 환경에 대해서도 최저임금 인상률만큼이나 지속적인 관심과 모니터링이 필요하다. 그렇지 않고서는 최저임금 협의 시기마다 나오는 이야기대로 '을과 을의 싸움'이라는 프레임에 갇히고 만다. 이 프레임을 깨지 못하면 대기업은 지금처럼 최저임금 문제에서 방관자 역할을 하면서 속으로 웃음 지을 것이다. 이러한 프레임을 깨지 못하는 습성 역시 우리가 해석노동에 길든 탓은 아닌지 고민해볼 만하다.

—— '불쉿 잡'과 해석노동

데이비드 그레이버가 2013년 《스트라이크》지에 기고한 〈불쉿 직업이라는 현상에 대하여On the Phenomenon of Bullshit Jobs〉는 100만 건이 넘는 조회 수를 기록하며 큰 반향을 일으켰다. 그레이버는 이 글의 논지를 확장하고 사람들의 경험담과 여러 자료를 모아 2018년 《불쉿 잡Bullshit Jobs》이라는 책을 발간했다.

그레이버가 말하는 '불쉿 직업'이란 유급 고용직으로 그 업무가 너무나 철저하게 무의미하고 불필요하고 해로워서 그 직업의 종사자조차도 그것이 존재해야 할 정당한 이유를 찾지 못하는 직업 형태를 뜻한다. 그 직업의 존재가 자신이 고용되기 위한 전제 조건인데도 말이다. 불쉿 직업의 종사자는 자신의 일이 그런 일이 아닌 척해야 한다는 의무를 느낀다.

무의미하고 불필요하지만 아닌 척하며 바쁘게 일하는 시늉을 하게 만드는 불쉿 직업은 대개가 화이트칼라 노동으로 부가가치가 높은 직업군이다. 그러한 이유로 고학력 종사자가 많다. 불쉿 직업 종사자들은 명예와 특권으로 둘러싸여 있고, 전문직으로 존경받고 높은 봉급을 받으며, 성공한 사람 대접을 받는다. 이들은 자신이 하는 일을 자랑스러워할 수 있는 부류이지만 내심으로는 자신이 이룬 것이 아무것도 없다는 걸 알고 있다. 그래서 자신들의 직업이 하찮고 허튼 작업이 대부분이며 사회적 가치 창출에 전혀 도움이 되지 않는다며 그레이버의 블로그에 자아비판 조의 게시물을 올리는데 그 수가 수백 편에 달한다고 한다. 특히 하루에 업무 시간이 8시간이 되지도 않으며 업무 시간을 채우기 위해 일하는 척을 해야 한다고 고백한다. 조직 안에는 바쁜 부서가 있는가 하면 한가해

일상 속 해석노동

서 누구나 가고 싶어 하는 부서도 있다. 그러나 불쉿 직업은 누구나 한가하다고 노골적으로 생각하는 직업군이 아니다. 실제로는 업무량이 많지 않고 바쁘지도 않은데 바쁜 척, 일하는 척하는 직업군이다.

그레이버는 불쉿 직업을 다섯 가지 유형으로 나눈다. 먼저 '제복 입은 하인'은 누군가를 중요하게 보이게 하거나 그렇게 느끼게 만드는 것이 유일한 또는 우선적인 존재 목적인 직업으로, 오늘날의 부잣집 수위나 건물 관리인들이다. 또 다른 유형인 '깡패'는 은유적 표현으로, 실제 강도나 청부 폭력배라기보다 공격적 요소가 있는 직업의 종사자이지만 결정적으로는 다른 누군가가 채용해야만 존재하는 부류의 직업이다. 가장 알기 쉬운 예가 군대인데, 나라에 군대가 있어야 하는 이유는 다른 나라에 군대가 있기 때문이다. 모든 나라에 군대가 없다면 군대는 필요하지 않을 텐데, 로비스트, 홍보 전문가, 텔레마케터, 기업 변호사 역시 마찬가지이다. '임시 땜질꾼'은 조직에 생긴 균열이나 오류 때문에 존재하는 직업으로, 다시 말해 존재하지 말아야 하는 문제를 해결하기 위해 고용된 사람을 가리킨다. '형식적 서류 작성 직원'은 전적으로 어떤 단체에서 하지 않는 일을 하고 있다고 주장할 근거를 마련하기 위해 고용된 직원들이다. 마지막으로 '작업반장'은 사람들에게 업무를 배당하는 일만 하는 유형이 있고, 작업반장 스스로 개입할 필요가 전혀 없는 상황이라고 믿으며 부하직원들이 자체적으로 완벽하게 업무를 수행하는 상태에서 조직에 해만 끼치는 유형이 있다.

이러한 불쉿 직업의 다섯 가지 유형은 대부분 고용주와 근거리에서 관계하는 사람들이거나 중간 관리자 이상의 위치에 있는 사람들이다. 윗사람의 의중을 살핌과 동시에 아래 직원들을 감독하는 처세를 해야 한다. 이러한 처세꾼들은 현장에서 발로 뛰며 일하는 부하직원들보다 그 수가 증가한다.

우리나라 역시 IMF 구제금융 시절 구조 조정이 마치 시대정신인 양 온 나라가 조직 축소에 나섰고 일선 실무 노동자들부터 해고하기 시작했다. 그 결과 그레이버가 이야기한 현상이 우리나라에서도 나타났다. 엄청나게 에너지가 소모되고 신체적으로 위험한 일을 하는 직업일수록 노동의 대가인 보수가 적다. 환경미화원, 돌봄 노동자, 교사 등이 당장 사라지면 우리사회는 곧 마비되겠지만, 이른바 고부가가치 직종이라고 하는 대기업 소속 변호사, 로비스트, 텔레마케터 등 불쉿 직업에 속하는 직업군은 당장 사라져도 세상은 잘만 돌아갈 것이다.

일상 속 해석노동

노동의 사회적 가치와 보수의 반비례 관계에 대해 이야기하며 그레이버는 미국의 경제학자 벤저민 록우드, 찰스 네이선슨, 에릭 글렌 웨일의 2017년 논문을 소개한다. 이들은 고액 직업과 관련된 '외부 효과'(사회적 비용)와 '낙수 효과'(사회적 혜택)를 다룬 여러 문헌을 조사하여 나름대로 노동자의 명세서를 작성했다. 이들에 따르면 고액 연봉자의 사회적 기여가 가장 큰 직업군은 의학 연구자였고, 사회적 기여가 가장 작은 직업군은 금융 부문 종사자였다. 의학 연구자들이 1달러의 보수를 받을 때마다 사회적 가치가 9달러어치 늘어나는 반면, 금융 부문 종사자들이 보수를 1달러 받을 때 사회적 가치는 1.5달러어치 줄어든다.

그레이버는 이들의 연구가 최고액 연봉을 받는 전문직에 집중했기 때문에 고용의 전체 범위를 파악하기에는 한계가 있다며 영국의 신경제재단New Economic Foundation이 진행한 연구를 소개한다. 이 연구의 저자들은 고소득 직업군과 저소득 직업군에서 각각 세 가지씩 검토하고 보수 1파운드당 몇 파운드의 사회적 가치를 파괴 또는 발생시키는지 정리했다. 그 결과 고소득 직업군에 해당하는 시티의 은행가, 광고 회사 사장, 세무사는 7~11.5파운드의 사회적 가치를 파괴한 반면, 저소득 직업군에 해당하는 병원 청소부, 재활용품 처리 노동자, 유아원 근무자는 7~12파운드의 사회적 가치를 발생시켰다고 한다.

아무 쓸모도 없는 일인데도 그 일을 열심히 하는 척하는 불쉿 직업은 '공허 노동empty labor'이라고 할 수 있다. 스웨덴 사회학자 롤랜드 폴센Roland Paulsen은 직장에서 업무를 하지 않고 인터넷 서핑이나 메신저 잡담 같은 일에 시간을 허비하는 것을 '공허 노동'이라도 정의한다. 스웨덴 노동자들을 대상으로 한 폴센의 연구에 따르면 노동자들은 하루 평균 두 시간가량을 인터넷 서핑이나 메신저 잡담 등의 공허 노동에 사용한다고 한다.

폴센은 노동자들이 자신의 업무를 의미 없고 지루한 일로 여기기 때문에 공허 노동에 빠진다고 분석한다. 또한 공허 노동은 대체로 고학력, 고임금에 직무 자율성이 높은 사무직에서 많이 발견되는데, 이는 관리자가 노동자의 과업 수행에 필요한 시간과 노력의 투입 정도를 파악하기 어렵기 때문이라고 설명한다. 공허 노동은 스웨덴뿐 아니라 전 지구적으로 나타나는 현상이다. 한국에서는 2017년 12월 구인구직 포털 '사람인'이 직장인 712명을 대상으로 조사한 결과 80.6퍼센트가 공허 노동을 한다고 답했다.

일상 속 해석노동

그레이버의 '불쉿 직업'과 폴센의 '공허 노동'은 일맥상통하는 면이 있다. 자신의 업무를 의미 없고 지루한 일로 인식해 일하는 척하기 위한 방편으로 공허 노동을 하는 것이다. 우리나라에서 공허 노동을 한다고 응답한 80.6퍼센트는 자신의 직업이 불쉿 직업이라고 인정한 셈이다. IMF 구제금융을 받아야 하는 경제 위기 상황에서 사회적 가치 창출은 높으나 보수가 낮은 저임금 노동자들에게 정리해고와 감원이 전가되는 구조는 사용자 측에 알아서 기는 문화인 해석노동의 확대 현상이라고 볼 여지가 있다.

불쉿 직업을 재정의하자면, 굳이 하지 않아도 되는 일을 고부가가치를 창출한다는 명분으로 불필요하게 만들어놓은 직업이라고 할 수 있다. 이러한 직종은 중간관리직 이상의 직급에 해당하며 주로 육체적으로 덜 힘든 직군에 속한다.

'필수노동자'라는 용어가 있다. 국민의 생명과 안전, 사회 기능을 유지하기 위해 필요한 일을 수행하는 노동자를 일컫는 말이다. 이 개념은 특히 코로나19 팬데믹 이후 크게 부각되었다. 경향신문 데이터저널리즘팀 다이브는 한국표준직업분류를 참조해 ①가사 및 육아 도우미 ②간호사 ③돌봄 및 보건 서비스 종사자 ④배달원 ⑤보건의료 관련 종사자 ⑥사회복지 관련 종사자 ⑦자동차 운전원 ⑧청소원 및 환경미화원 등 8개 직업을 필수노동에 해당한다고 봤다.[*] 글자 그대로 필수노동에는 우리가 매일 마시는 공기와 같이 소중하지만 한편으로는 너무나도 당연하게 여기는 청소와 돌봄 노동 등이 속해 있다. 필수적으로 제공되어야 하고 없어지면 일상생활을 영위하기 힘든 혼란이 닥칠 수 있지만, 저평가되고 그림자 취급을 받는 직종이다.

문제는 불쉿 직업 같은 직종을 사회적으로 높게 평가하고 청소나 돌봄 노동 같은 직종을 천시하는 경향이 노동자들에게도 있다는 점이다. 바닥을 쓸고 닦으면서 가장 낮은 곳에서 일하는 필수노동의 가치를 재인식하는 마인드의 전환이 해석노동을 극복하는 자세일 것이다.

—— 해석노동과 성인지 감수성

흑인 소년이 평소처럼 동네 수영장 물속으로 들어가려 할 때 흑인이 수영장을 쓸 수 있는 요일은 따로 정해져 있다면

---

[*] 젠더기획 특별취재팀, 〈어느 날 그들의 노동이 사라진다면〉, 《경향신문》, 2022년 2월 4일.

일상 속 해석노동

서 제지당했다면, 그 소년은 그날부터 자신의 존재 가치에 대해 엄청난 위기감을 느낄 것이다. 인종 차별에 대해 배우지 않았더라도 자신의 피부색 때문에 편의시설 이용에 제한을 받는다는 사실을 깨닫는 순간 심리적 충격을 받을 것이다. 이러한 충격을 정체성 비상사태라고 한다.

미국처럼 인종 문제가 첨예하지는 않지만, 우리나라에는 우리만의 불편감이 있다. 특정 지역 출신이라는 사실을 은연중에 숨기고 조심스러워한다. 지역주의뿐 아니라 학벌주의도 우리의 정체성을 위협한다. 사회적으로 높이 인정받는 학교를 나온 사람은 자신의 정체성에 위협을 덜 느끼거나 아예 느끼지 않을 것이다. 오히려 학벌이 정체성을 강화해준다. 특정 지역 출신, 좋은 학벌, 남성 등 특정 무리에 속하는 이들은 인간관계에서 별다른 노력 없이 한 수 위의 자리를 점한다. 이처럼 정체성 비상사태를 겪지 않는 사람들은 자신보다 나은 사람이 적거나 없다고 느끼게 되므로 해석노동을 할 필요를 느끼지 못한다.

학벌이 좋은 사람과 나쁜 사람, 부자와 가난한 사람, 건장한 사람과 왜소한 사람, 직급이 높은 사람과 낮은 사람 중에서 누가 더 상대방을 의식하겠는가? 조직에서 상급자는 하급자의 존재감을 의식하지 않는다. 그저 아랫사람의 역할을 기대할 뿐이다. 업무를 지시하면 그 지시대로 따라야 할 대상에 지나지 않는다고 생각할 것이다. 반면에 하급자는 상급자의 지시를 받기 위해 대기하고, 상급자의 기대에 부응하고자 노력하며, 상급자의 기분을 살핀다. 이처럼 상급자에 대한 하급자의 의식은 하급자에 대한 상급자의 의식과 불균형적이고 비대칭적이다. 이러한 역학 관계를 인지하고 상급자가 하급자의 입장에서 먼저 이해하고자 노력하는 마인드가 곧 '감수성'이라고 할 수 있다.

《시사상식사전》(박문각)에 따르면 '성인지 감수성'은 아직 합의된 정의가 없지만 대체로 성별 간의 차이로 인한 일상생활 속에서의 차별과 유·불리함 또는 불균형을 인지하는 것을 말한다. 이를 해석노동과 연관 지어 생각해 본다면, 성인지 감수성은 남녀 간 상대방에 대한 의식, 공감, 배려의 감정이 균형적이지 못한 현실을 파악하고 이를 바탕으로 상대방을 존중하는 마음가짐과 태도의 민감성을 뜻한다고도 할 수 있을 것이다.

국가인권위원회는 연령대별·성별에 따른 성평등 의식을 파악하기 위해 전국의 초등학교 고학년부터 중·고생, 대학생, 성인을 대상으로 "경제적으로 가족을 부양해야 할 책임은 여자보

일상 속 해석노동

다 남자가 더 크다", "여자들은 직장에서 옷차림, 화장 등 외모에 신경 써야 한다" 등의 문항을 제시하고 그에 대한 응답을 받아 분석했다. 조사 결과, 남성은 연령이 높아질수록 성평등 의식이 낮게 나타났지만 연령대별 편차가 크지는 않았다. 반면에 여성은 연령이 낮아질수록 성평등 의식이 크게 높아졌다.[•]

전반적으로 젊은 층에서 성평등 의식이 높아진 점은 고무적이지만, 여성에 비해 남성은 모든 연령층에서 성평등 의식 수준이 비교적 낮게 나왔다. 몇 년 전 미투 운동이라는 사회적 학습을 거쳤음에도 남성의 성평등 의식에 변화가 적은 것은 남성이 여성보다 타자에 대한 해석노동에 민감하지 않다고 해석할 여지가 있지 않을까? 동시에 여성은 젊은 연령층일수록 과거 세대보다 남성의 눈치를 덜 본다고, 즉 해석노동을 덜 할지도 모른다고 조심스럽게 분석해 볼 수도 있을 것이다.

• 송은경 기자, 〈"성희롱·성평등 남녀 인식 차, 20대에서 가장 커"〉, 《연합뉴스》, 2021년 5월 6일.

3

공감과 해석노동

── 공감의 원리

크리스티안 케이서스Christian Keysers는 '거울뉴런'을 연구해 인간이 공감 능력을 발휘하는 원리를 과학적으로 규명한 연구자이다. 케이서스는 거울뉴런을 발견함으로써 뇌는 세상을 지각하는 기능과 행동하는 기능으로 나뉘어 있다는 기존의 믿음에 변화를 가져왔다.

케이서스가 속한 이탈리아 파르마 대학 연구팀이 발견한 신경세포는 전운동피질에 위치해 있었는데, 원숭이가 스스로 건포도를 집어들 때뿐 아니라 다른 누군가가 동일한 행동을 하는 것을 원숭이가 보기만 했을 때에도 활성화되었다. 다른 사람의 행동을 볼 때 시각신호가 측두엽에 있는 시각뉴런을 활성화하고, 시각신호는 두정엽을 거쳐 거울뉴런이 있는 전운동피질로 이동한다. 즉, 다른 사람이 행동하는 모습을 보았을 뿐인데도 두정엽과 전운동피질에서는 운동 정보로 번역되어 관찰자가 피관찰자의 운동을 자신의 신체적 운동처럼 지각하여 상대방의 행동을 예측하거나 모방할 수 있다는 것이다. 이러한 거울뉴런의 발견은 상대방에게 공감하게 되는 원리를 파악하는 데 중요한 단서를 제공해 준다.

케이서스는 그의 책《인간은 어떻게 서로를 공감하는가》에서 관찰자가 타인의 행동을 관찰하고 타인의 감정을 느끼는 원리를 정서 영역인 섬엽의 기능을 통해 규명한다. 케이서스에 따르면 전운동 영역은 타인의 행동을 반영하고, 우리가 그들의 관점에서 그들의 목적과 동기를 인식할 수 있도록 만든다. 반면에 섬엽은 타인의 내장감각 상태를 반영하고, 그들의 정서를 공유할 수 있게 한다. 삶에서 이 두 구성요소는 종종 상호작용하며 우리 주변 사람들의 목표와 정서를 포함한 내적 삶에 대한 포괄적인 직관에 기여한다. 이러한 능력은 조금 더 세분화해서 구분할 수 있는데, 어떤 사람은 행동을 미러링하는 데 유능한 반면, 어떤 사람은 타인의 정서를 미러링하는 데 유능할 수 있다. 이는 개인적 경험의 차이가 공감의 차이를 결정하기 때문인데, 심장 통증을 종종 겪는 사람이 다른 사람의

공감과 해석노동

심장 통증에 대해서는 매우 공감하는 반면, 허리 통증에 대해서는 덜 공감하게 되는 것과 같은 이치이다.

케이서스는 독일 하노버 대학의 마크 방거트Marc Bangert 연구팀이 피아노를 수년에 걸쳐 집중적으로 연주한 집단과 피아노를 전혀 쳐본 적 없는 집단을 비교해서 연구한 결과를 소개한다.

두 집단이 피아노 콘서트 음반을 듣는 동안 과학자들은 그들의 뇌 활동을 측정했다. 피아노를 전혀 쳐본 적 없는 집단은 전운동영역의 활성화가 거의 없었지만, 피아노 연주 경험이 있는 집단은 자동적으로 피아노 연주와 관련한 전운동프로그램을 활성화시켰다. 그들은 피아노 연주를 배움으로써 피아노 음악을 듣는 방식을 변화시켰다. 그들은 피아노를 귀를 통해서 들을 뿐 아니라 자기 손가락의 움직임을 통해서도 지각하기 시작했다. 하지만 음악의 문외한들은 그렇지 않았다. 이것은 우리가 행동의 소리로 측정한 청각거울체계가 악기 연주와 같은 새로운 행동으로 확장될 수 있음을 시사한다. 따라서 거울체계는 태어날 때 완전히 결정되는 것이 아니라, 다른 사

람의 행동에 대한 우리의 지각방식을 변화시키는 경험을 통해 강화될 수 있다.[*]

경험이나 학습을 한 적이 있는 사람이 그렇지 않은 사람보다 공감할 수 있는 여지가 많다. 경험은 공감을 강화하고 그 공감의 수준은 경험이나 학습을 더 익숙하게 하므로 경험과 공감은 양의 피드백 순환을 형성한다. 여기에서 경험은 정서나 지식도 포함한다.

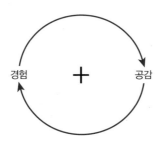

상대방을 관찰하면 행동이나 동작을 공유할 수 있는 전운동

[*] 크리스티안 케이서스, 고은미·김잔디 옮김, 《공감하는 마음을 만드는 거울뉴런 이야기》, 바다출판사, 2023, 70~71쪽.

공감과 해석노동

피질 영역이 활성화되고, 그 행동이나 동작의 주체에 대한 감각이나 정서를 공유할 수 있게 해주는 섬엽 영역이 활성화된다. 관찰 대상자인 상대방이 처한 상황을 보게 되면 마치 본인이 겪고 있는 것처럼 해당 두뇌 영역이 활성화되어 상대방과 공감하게 된다는 원리이다.

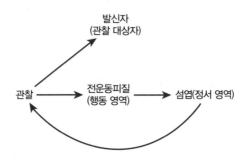

모방은 발신자(행위자)와 관찰자 사이의 유대를 확립하는 데 도움이 된다. 관찰자가 발신자의 정서에 동조하고자 하는 의사를 전달하기 때문이다. 심리치료에서 이는 환자와 치료자 간의 관계를 강화하는 데 중요할 수 있다. 반면 외현적 모방의 억제는 특정한 사람의 정서에 동조하고 싶지 않다는 의사를 전달하는 데 활용될 수 있다. 예컨대 미소를 짓는 사람에게 미소로 응답하지 않는 것은 '나를 내버려두라'는 효과적인 메시지이고, 울고 있는 아이 앞에서 슬픈 얼굴을 하지 않는 것은 아이에게 '진정하라'는 메시지를 주는 효과적인 방법이다.

모방은 조직 내에서 순응이나 복종의 신호라고 할 수 있다. 가장 쉬운 예로 군대 문화를 들 수 있다. 내무실에서 선임이 후임을 괴롭히는 방식을 그대로 모방해 병사들은 새로운 후임을 괴롭힌다. 이 학습된 모방은 선임에 대한 일종의 복종 방식이다. 이러한 사례에서 공감은 옳고 그름의 가치가 개입되지 않는 영역이다.

한편 유니 홍은 《눈치》에서 공감과 눈치를 비교한다. 그는 눈치와 비교해 공감은 상대적으로 치명적인 약점이 될 수 있다고 지적하며, 공감을 잘하는 사람들은 공감이 부족한 자아도취자, 소시오패스, 사이코패스 같은 사람들의 희생자가 될 수 있다고 이야기한다. 예를 들어 당신이 가정에서 괴롭힘이나 부당한 대우를 받고 있다면, 공감은 당신의 적이 될 수 있다. 소시오패스 같은 가해자는 공감력이 뛰어난 사람을 목표로 삼는데, 가해자가 "피곤하다"라거나 "불행한 어린 시절을 보냈다"라고 말하면 공감을 잘하는 사람들은 나쁜 행동을 용서할 가능성이 더 크기 때문이라고 한다.

조직에서도 마찬가지이다. 조직 구성원 중에서도 공감력이

공감과 해석노동

뛰어나 사려 깊고 배려를 잘하는 직원들이 있다. 그런 직원들은 십중팔구 피해자가 되기 쉽다. 그들은 다른 직원들보다 해석노동을 섬세하게 하고 있다고 볼 수도 있다. 공감 능력의 치명적인 약점이다.

—— 공감의 양면성

프란스 드 발Frans De Waal이 쓴 《공감의 시대》(김영사, 2017)를 보면 인간의 관점에서 공감이라고 할 수 있는 행동 패턴을 보여주는 수많은 동물 실험 결과가 나온다. 한 예로 〈다른 이의 고통에 대한 쥐의 정서적 반응〉이라는 자극적인 제목의 논문은 실험을 위해 쥐가 손잡이를 눌러 먹이를 받아먹도록 훈련했다. 그런데 손잡이를 누를 때마다 옆 칸의 다른 쥐가 충격을 받게 했는데, 이를 알아차리면 쥐가 손잡이 누르기를 중단한다는 것을 밝혀냈다.

쥐가 전기격자 위에서 고통에 몸부림치는 다른 쥐를 무시하고 계속해서 먹이를 받아먹지 않았다는 사실이 놀랍다. 손잡이를 누를 때마다 고통스러워하는 옆 칸 다른 쥐의 모습이 시각이나 청각 등을 통해 가해자가 될 뻔한 쥐의 뇌 영역을 활성화해 실제로는 자신이 고통스럽지 않은데도 상대방의 고통을 공감하게 되었다고 볼 수 있다. 다른 이가 고통스러워하는 모습을 봄으로써 자신의 고통이 강화된 것이다. 이는 인간에게서도 공통으로 나타나는 반응이다.

한편 다른 실험 결과를 보면, 게임 도중 속이는 역할을 맡은 사람의 뇌는 상대방이 괴로움을 느낄 때 쾌감을 느끼는 것으로 드러났다. 공감과는 반대되는 반응인 셈인데, 이런 결과는 남자에 한해서 나타났고 여자는 여전히 공감을 보인다고 한다.

공감이 어떻게 활용되느냐에 따라 조직에서 일하는 동안 즐겁게 노동하느냐, 고통스럽게 노동하느냐가 갈릴 수 있다. 사람에 따라 공감을 통한 학습을 자신의 이익을 위한 전략으로 삼을 수도 있다. 해석노동을 강요하는 문화가 강한 조직에서는 공감을 악의적이고 전략적으로 해석해 경쟁에서 살아남기 위한 도구로 삼을 위험성이 상존한다. 나를 속인 사람이 나중에 고통스러운 처지에 놓이면 연민을 느끼는 것이 아니라 쾌감을 느끼기 때문에 나를 속인 가해자는 고통스러운 처지에 놓이지 않기 위하여 해석노동을 비판하거나 개선점을 찾으려 노력하기보다는 해석노동을 무비판적으로 받아들인다. 이때 공감은 해석노동을 강요하는 가해자의 행동과 정서 등에 자신

공감과 해석노동

을 동일시하는 과정을 거치게 하고, 가해자에게 동조하게 만든다. 특히 경쟁이 치열한 조직 문화에서는 공감의 연대가 동료나 하급자에게 향하기보다는 해석노동을 강요하는 가해자에게로 향할 것이다.

영장류학자들의 관찰에 따르면, 긴꼬리원숭이들은 호랑이나 구름무늬표범 같은 고양잇과 동물이 있는 섬에서는 큰 무리를 지어서 다니고, 고양잇과 동물이 없는 섬에서는 작은 무리로 다닌다고 한다. 이는 포식의 위험 때문에 하나로 뭉치게 된 것이며, 일반적으로 공격받기 쉬운 종일수록 집단의 크기가 커진다고 한다. 긴꼬리원숭이도 위험의 정도에 따라 무리의 규모를 달리 형성하는데, 하물며 인간은 그 정교함이 어떻겠는가. 안전을 위한 무리 짓기는 해석노동을 조성하는 탄탄한 울타리 역할을 하는데, 이때 공감은 순기능보다 역기능이클 수 있다.

1959년 애런슨Elliot Aronson과 밀스Judson Mills는 집단이나 동호회에 가입할 때 불편하고 어려운 절차를 경험한 사람이 그렇지 않은 사람보다 그 집단이나 동호회에 대한 유대감이 더강할 것이라는 가정하에 실험을 진행했다.[*] 실험자들은 참가자를 두 그룹으로 나눈 뒤 모임에 참가하기 위한 절차로 특정한 단어들을 소리 내어 읽게 했다. 평범한 단어들을 읽고 참가한 이들은 모임이 지루했다고 답했다. 그러나 성적으로 외설스러워 난처한 단어들을 읽고 참가한 이들은 그 모임을 훨씬 더 높게 평가했다. 이는 집단의 가입 절차인 신고식에서 인내심이 필요하거나 불편함을 감수해야만 할 때 그 집단에 대한 연대감이 그렇지 않은 경우보다 강했다는 의미이다. 인내심이 필요하고 불편한 신고식이 그 집단에 가입할 만한 강한 동기부여가 된 셈이다.

해병대 출신과 명문대 출신의 공통점이 있다. 해병대 제대, 명문대 졸업 후의 유대감이 다른 집단 출신자들보다 높다는 점이다. 물론 수치나 통계로 확인한 것은 아니고, 사회생활을 하면서 자연스럽게 체득한 개인적 경험에서 나온 이야기이긴 하다.

해병대는 강도 높은 훈련으로 유명하다. 그래서 해병대 출신은 힘든 훈련을 버텨냈다는 자부심이 강하다. 그러한 자부심과 우월감이 해병대 출신자들의 강한 연대감의 토대일 것

- Elliot Aronson, Judson Mills, 'The Effect of Severity of Initiation on Liking for a Group', *The Journal of Abnormal and Social Psychology* 59-2, 1959.

공감과 해석노동

이다. 명문대 출신의 경우 수능 시험과 논술 시험 등을 어렵게 통과한 결과 그 대학의 구성원이 되었으므로 그 연대감이 얼마나 단단할지는 실험 결과가 아니더라도 충분히 예상할 수 있는 부분이다.

강한 연대감과 결속력을 탓할 수는 없다. 어려운 신고식을 통과했다는 사실 자체가 그 집단에 대해 강한 결속감을 느끼게 하기 때문이다. 문제는 그 구성원이 다른 집단을 바라보는 관점이다. 어려운 신고식을 통과했다는 우월감이 서열의식으로 전환되면 '우리'가 아닌 타인을 배척하기 쉽다. 그리고 우월감으로 똘똘 뭉쳐 연대감이 높은 내집단in-group의 구성원 사이에서는 공감이 더더욱 잘 이루어질 것이다.

미국의 사회심리학자 무자퍼 셰리프Muzafer Sherif는 1954년 여름 오클라호마주 로버스 케이브Robbers Cave 야영장에서 열한 살짜리 남자아이 22명을 대상으로 실험을 진행했다. 셰리프는 외진 곳에 위치한 80만여 제곱미터 넓이의 야영장에 22명의 아이를 11명씩 두 그룹으로 나누어 지내게 했다. 실험은 3주간 진행되었는데, 첫 주에는 각 그룹이 내집단을 형성하도록 분위기를 조성하고, 이후 한 주 동안은 두 그룹 사이에 반목과 경쟁, 갈등 구도를 형성시켜 대립 상황을 조성했다. 그리고 마지막 주에는 두 내집단 간 화해와 협력의 상황을 조성하고 소년들의 행동을 관찰했다.

셰리프는 인간이 주어진 상황에 따라서 얼마든 전쟁 같은 불협화음을 겪을 수도 있고, 화해를 통해 협력할 수도 있음을 실험으로 보여주었다. 하지만 여기서 나는 같은 내집단 안에서 한 개인이 다른 구성원들과 동화되는 과정에 보다 주목해서 그 의미를 살펴보고자 한다.

실험에 참여한 두 그룹의 소년들은 첫 번째 한 주간 야영 생활을 하면서 그룹의 이름과 규율 같은 것을 만들어 내집단을 형성했다. 소년들은 야영장에 오기 전까지 서로를 몰랐고 야영장에서 처음 만난 사이였다. 셰리프는 실험에서 '우리'의 수영 장소, 욕설에 대한 '우리'의 태도 같은 사회적 규범이 탄생하는 것을 보았는데, 소년들은 자신들의 새로운 관습을 지키지 않는 일원에게 그 관습을 강요하기까지 했다.

한 예로, 며칠간 수영을 하지 않던 한 아이가 다른 소년들의 응원 속에 강으로 뛰어들기도 했다. 소년들은 그 아이에게 뛰어내리라고 외쳤다. 소년들이 물속에 빙 둘러서서 큰 소리로 응원하는 2분 동안 다이빙보드 위에서 망설이던 아이는 결국 물속으로 뛰어내렸다. 그 영향으로 또 다른 아이 역시 처음으

공감과 해석노동

로 수영을 하게 되었고, 이후 다이빙까지 시도했다. 그러자 수영은 하지만 다이빙은 겁내던 아이 하나가 다이빙보드로 올라가 뛰어내렸다.[*]

　수영을 하지 않던 아이가 동료들이 지켜보는 과정에서 수영을 하게 되고 다이빙을 겁내던 아이가 다이빙을 하게 되는 과정을 살펴보면, 집단 내에 흐르는 분위기가 의무감을 부여하는 듯하다. 결국 집단 내 강요된 공감을 받아들여야 하기 때문에 다른 동료들에게 동조하게 되는 것이다.

　집단 또는 조직에서 다수의 동료가 내부에서 요구하는 사항을 받아들인다는 사실을 알게 되면 구성원은 대개 다수의 행동을 따른다. 그것을 동조라 부르든 순응이라 부르든 명칭이 문제가 아니다. 상대방의 모습을 관찰하거나 듣기만 해도 우리의 전운동피질이나 섬엽이 활성화되어 관찰 대상(발신자)에게 공감하려 한다는 원리를 생각해 보면, 집단 구성원 사이에서 공감의 공명이 얼마나 쉽게 일어날 수 있는지 예측할 수 있다.

● 데이비드 베레비, 정준형 옮김, 《우리와 그들, 무리짓기에 대한 착각》, 에코리브르, 2007, 8장.

문제는 경쟁이나 서열을 중시하는 조직에서는 공감의 노력이 좀처럼 아래를 향하지 않는다는 사실이다. 동료나 부하직원을 연민하고 그들에게 공감하다 보면 경쟁에서 뒤처질 수 있기 때문이다. 그렇기에 공감의 시선은 늘 조직의 상부를 향한다.

　경쟁과 서열을 중시하는 문화가 팽배한 조직에서 상급자는 경쟁과 서열을 중시하는 문화에 따라 행동할 것이고, 해석노동자는 그러한 상급자를 관찰함으로써 공감이 활성화될 것이다. 활성화된 공감은 자발적 순응이나 복종으로 이어지고, 이러한 경험은 자발적 순응이나 복종을 더욱 강화할 것이다.

　공감의 주체가 어떤 상황에 놓여 있느냐에 따라 공감의 방향이 동료나 하급자로 향할지 상급자로 향할지 달라질 수 있다. 동료나 하급자에게 동료애를 느껴 공감을 이루는 선순환을 이룰 수도 있고, 항상 시선이 상급자에게만 향하여 경쟁에서 뒤처지지 않기 위해서만 공감이 작용할 수도 있다.

—— 공감의 수단인 '진화적으로 안정한 전략'

　리처드 도킨스Clinton Richard Dawkins는 《이기적 유전자》(을유문화사, 1993)에서 존 메이너드 스미스John Maynard Smith의 '진화적으로 안정한 전략evolutionarily stable strategy, ESS'이라는 개념을

　　　　　　　　　　　　　　　공감과 해석노동

소개한다. 진화적으로 안정한 전략은 개체군에 있는 대부분 구성원이 일단 그 전략을 채택하면 다른 대체 전략이 그 전략을 능가할 수 없는 전략이다. 진화적으로 안정한 전략은 독립된 이기적 실체가 어떻게 해서 조직화된 전체를 닮게 되는지를 설명해 주는 개념이다. 진화적으로 안정한 전략은 돌연변이 같은 다른 전략에 의해서 침범당하지 않는 전략이며, 내부의 배신에도 흔들리지 않는 전략이다. 누군가 혼자서 다른 짓을 하면 그 사람 혼자 손해를 보기 때문에 결과적으로 현재의 상태가 유지되는 것이다.

윌리엄 파운드스톤William Poundstone은 《죄수의 딜레마》(양문, 2004)에서 본능적으로 타인과 식량을 공유하는 종의 예를 들어 진화적으로 안정한 전략을 설명한다. 그 종의 식량 자원은 고정되어 있다. 그리고 미래의 기근에 대비해 얼마간을 남겨두고 서로 나눠 먹는다. 자연에서 돌연변이는 이따금 유전자 코드를 변화시킨다. 여러 세대에 걸쳐오다 보면 나눠 먹는 본능을 가진 유전자 없이 태어나는 개체도 이따금 있을 것이다. 이 개체들을 '식충이'라고 부르자. 식충이들은 항상 배가 터지도록 먹는다. 그들은 나눠 먹지도 않고 미래를 위해 식량을 비축하려는 노력도 전혀 하지 않는다. 몇 해마다 심각한 가뭄이 찾아오는데, 이때 죽는 개체는 식량을 공유하는 종에서만 나온다. 식충이들은 굶는 법이 없기 때문에 장기적으로 그 종의 모든 개체는 식충이가 될 것이다.

그러나 식량을 공유하는 관습이 사라지고 나면 식충이들은 그들의 이점을 상실하고 만다. 이때 돌연변이가 소수의 식량 공유자들을 만들어 낸다 한들 개체군이 공유로 되돌아갈 수는 없다. 식충이 개체군 안에서 외로운 공유자가 누릴 수 있는 이점은 전혀 없다. 식충이 개체군 안에서 태어난 어떤 식량 공유자도 첫 번째 가뭄에서 죽고 말 것이다.

여기서 식충이는 진화적으로 안정한 전략에 근접하는 하나의 예이다. 이것은 개체군의 거의 모든 구성원이 이런 식으로 행동할 때 유전적으로 전이되는 행동인데, 이는 그것을 대치할 다른 대안적 행동이 없기 때문에 나타난다.

위와 같은 맥락에서 식량 공유는 진화적으로 안정하지 못한 전략이다. 소수의 식충이가 식량 공유자 개체군을 '정복'할 수 있기 때문이다. 세상에서 우리가 보게 되리라 예상하는 행동들은 진화적으로 안정한 전략들이다. 진화적으로 안정한 전략들이 반드시 합리적이거나 공정하거나 도덕적으로 옳지는 않다. 그것들은 그저 안정적일 뿐이다.

공감과 해석노동

서로 잘 협력하는 직원들이 있는 조직이 있다고 가정해 보자. 이러한 협력자들은 서로 배려하고 어려운 업무를 맞닥뜨리면 서로 도와준다. 이러한 협력자들로 구성된 조직에 이기적인 직원이 새로 들어왔는데, 그는 도움만 받고 남을 돕지 않으며 자기 업무만 챙기는 사람이다. 그 결과 이기적인 직원은 성과가 좋아 승진하게 된다. 상급자가 된 그는 자신과 성향이 비슷한 사람에게 보필을 받게 되면 그 사람을 승진시킨다. 이러한 과정을 통해 협력자들이 수적으로 우세했던 조직이 어느덧 이기적인 자들로 채워진다. 이기적인 자들이 대세를 이루고, 협력자들은 점점 설 자리를 잃게 될 것이다. 비록 하나의 가정일 뿐이지만, 조직에서 실제로 벌어지는 정치를 생각해 보면 허무맹랑한 이야기는 아니다.

만일 A라는 조직은 협력자 대 이기적인 자의 비율이 8 대 2이고, B라는 조직은 그 비율이 3 대 7이라면, A 조직은 해석노동을 권하는 조직이 아닐 가능성이 크다. 반면 B 조직은 이기적인 자들이 주를 이루기 때문에 협력자가 이기적인 동료를 돕더라도 그의 선한 영향력이 큰 힘을 발휘하지는 못할 것이다.

도킨스는《이기적 유전자》에서 동물들의 출생률이 왜 조절되는지를 윈 에드워즈V. C. Wynne-Edwards의 이론을 들어 설명한다. 동물들은 어떻게 해도 이길 수 없다는 것을 '알고 있는' 상대에 대해서는 싸우지 않고 항복하는 경향이 있다. 순위제 또는 '세력순위peck order(먹이를 쪼아 먹는 순서)'란 하나의 사회적 계층 질서로, 모든 개체가 자기 지위를 알고 있으며 분수에 맞지 않는 일은 생각지도 않는 것을 뜻한다. 물론 때로는 치열한 싸움이 일어날 수도 있고, 어떤 개체가 바로 위의 상급자를 이기고 승진하는 경우도 있다. 그러나 일반적으로는 하위의 개체가 자동으로 복종하기 때문에 애초에 지난한 싸움이 시작되지도 않고, 심하게 상처 입는 일도 거의 없다.

순위가 높은 개체는 하위 개체보다 번식할 가능성이 크다. 이는 암컷이 상위 개체를 선택하거나 하위 개체가 암컷에게 얼씬도 못 하도록 상위 개체가 막기 때문이다. 높은 사회적 순위는 번식의 자격을 나타내는 또 하나의 티켓인 셈이다. 개체들이 직접 암컷을 에워싸고 싸우는 대신 사회적 지위를 걸고 싸우기 때문에 높은 지위에 도달하지 못할 경우 스스로 번식 자격이 없는 것으로 인정한다. 물론 하위 개체는 종종 높은 사회적 지위를 향해 나아가려 하고, 따라서 간접적으로 암컷을 두고 경쟁한다고 볼 수 있지만, 직접 암컷이 개입된 문제에 관해서는 자제한다. 순위가 높은 수컷만이 번식할 수 있다는 규

공감과 해석노동

칙을 기꺼이 '받아들인' 결과, 개체 수는 별로 증가하지 않는다.

인간은 동물과 달리 서열 경쟁의 승자가 누리는 혜택이 자기 세대에서 끝나지 않는다. 도킨스가 말하는 '이기적 유전자'는 수백만 년 동안 하나의 개체에서 또 다른 개체로 전승되며 이어지는 수명을 지녔지만, 개체는 일회적이며 하늘에 떠 있는 구름처럼 덧없는 것이다. 나의 유전자는 자녀에게 남아서 전승되겠지만 '나'라는 개체는 수명을 다하면 지구상에서 사라지고 만다.

도킨스의 책《이기적 유전자》는 협력보다 경쟁, 평화보다 갈등을 우선시하여 인간의 이기적 행위를 합리화하는 내용이 아니라고 전문가들이 아무리 강조해도, 유전자는 자신의 번식을 위해 이기적일 수밖에 없다는 강력한 메시지가 사람들의 뇌리에 자리 잡고 있기 때문에 사람들은 개체에서 개체로 부와 권력조차 전승하고자 한다. 우리는 세계화의 쓰나미를 맞본 뒤 '양극화'라는 말을 하도 많이 들어서 이제는 어떠한 경각심도 느끼지 못할 정도이다. 양극의 한편에 있는 기득권 집단은 이미 취한 이득을 자신의 유전자를 물려받은 다음 세대의 개체에게 물려주고자 부단히 노력한다. '이기적 유전자'의 유전자는 아무 의식 없이 존재만 할 뿐이지만, 그 유전자로 이뤄진 이기적 개체가 자기 유전자를 이어받은 후손 또한 특권을 누릴 수 있도록 하는 것이다. 의식도 없고 의도하지도 못하는 유전자를 기득권 유지 노력의 명분으로 둔갑시켜 온갖 부와 권력을 대물림하기 위한 동력으로 삼는 셈이다. 이는 유전자를 의식하고 있는 인간만이 보이는 행태일 것이다.

── 공감의 어두운 면

프리츠 브라이트하우프트Fritz Breithaupt는 저서 《나도 그렇게 생각한다》(소소의책, 2019)에서 공감의 어두운 면을 제시한다. 그는 니체를 인용하며 공감과 자아 상실의 관계를 설명하는데, 공감하는 자는 공감을 함으로써 객관적인 '나'로 변하면서 '나' 자신을 잃어버린다는 것이다. 타자를 공감하는 객관적인 '나'는 판단을 내리거나 정서를 느끼지 않기 위해, 다른 사람을 정서적이고 합리적으로 이해하지 않기 위해 자기를 통제해야 하지만, '나'는 충동적이고 강한 행동을 보이면서 객관적인 인간에게는 불가능한 결정들을 내린다.

브라이트하우프트는 이를 다음과 같이 정리한다. 공감은 '나'의 효과를 가져온다. 즉 공감적인 사람은 관찰된 다른 사람을 자기화한다. '나'는 공감적인 사람에 의해서 관찰된 대상으로 옮겨간다. 관찰된 강인한 사람은 '나'가 어떤 것이든 아마도 그것을 갖고 있지 않은 반면에, 관찰자에게는 관찰된 사람이 자아를 가진 강인한 사람처럼 보인다. 공감이 치르는 대가와 보상은 바로 '나'를 상실하고 다른 사람 안에서 '나'를 다시 발견하는 일이다. '나'는 오직 외부의 시각 속에, 즉 관찰자에 의한 투사 속에만 존재한다.

해석노동의 관점에서, 공감을 하는 관찰자는 다른 사람을 관찰하기 위해 자신을 철저히 객관화하려는 자아 상실의 조건을 유지해야 한다. 그러지 못하면 자기 관찰이 배제되지 않기 때문에 윗사람에게 공감할 수 없고 비판하게 될지도 모른다. 그리고 관찰 대상자인 강인한 사람은 해석노동을 권하는 상급자에 빗댈 수 있다. 관찰 대상자인 강인한 사람들은 다른 사람을 관찰하는 일에는 서투르다. 그들에게 자기 관찰을 하는 자기 인지 능력을 기대할 수 없다.

니체식 공감에 대한 브라이트하우프트의 설명에 따르면, 우리에게 가장 중요한 공감의 기본 구조는 "공감을 지닌 인간이 다른 사람의 강한 '나'를 인지하고 투사하고 경탄하고 증오하기 위해서 자신의 자유롭고 강한 정체성을 희생한다는 것"이다. 권위적인 상급자에게 공감하는 순간, 자신의 정체성은 버려야 한다. 심지어 권위적이고 강압적인 조직 문화를 조장하는 상급자의 모습을 그대로 학습하고 닮고자 한다. 공감하는 순간 주관적인 '나'는 사라지고 객관적인 '나'만 남기 때문이다.

이것이야말로 니체가 말한 객관적인 인간이라고 할 수 있는데, 객관적인 인간은 상급자에 의해 제압되는 대신 그 상급자에게 관심을 가지고 자신을 확대·개방하는 사심 없는 존재이다. 니체에 따르면 공감의 구조는 타자를 공감하기 위해서 '나'를 수용적이며 객관적인 존재로 약화해야 하는 모순적 구조이다.

해석노동은 권위적인 상급자의 의중을 헤아리며 알아서 복종하고 순응하는 환경에서 잘 배양된다. 알아서 복종하고 순응하려면 철저하게 자신을 버려야 한다. 조금이라도 자신을 관찰하게 되면 자기반성으로 이어져 해석노동의 기본인 상사의 기분을 해석하려는 의지가 꺾이고 만다. 이러한 이유로 공감을 긍정적으로만 보기는 어렵다.

해석노동의 관점에서 볼 때 조직 구성원 간의 공감보다는 부하직원 입장에서 상급자에 대한 공감이 보편적일 수 있다. 권위적인 상급자가 불합리한 지시를 하거나, 상급자가 말하지 않아도 의중을 꿰뚫어 알아서 업무를 수행해야 하는 환경에서는 힘 있는 상급자에게 공감하도록 강요받는다. 공감을 강요

공감과 해석노동

하는 조직 환경에는 해석노동의 토대가 마련되어 있다고 봐도 지나치지 않다.

우리에게 타인의 몸속에 들어가 있는 것처럼 남의 생각과 기분을 정확하게 파악할 수 있는 초능력이 있다고 가정해 보자. 이 초능력 덕분에 우리는 최대한으로 타인에게 공감할 수 있는 능력을 갖게 될 것이다. 사디스트나 사이코패스, 소시오패스 성향이 있는 사람들은 타인의 입장을 정확하고 세세하게 파악할 수 있으며, 그러한 능력을 바탕으로 타인에게 고통을 가하고 그 고통을 즐긴다고 한다. 타인의 입장을 잘 헤아릴 수 있는 능력이 남을 고통스럽게 하는 치명적 무기가 되는 것이다. 군대처럼 권위적이고 위계질서가 분명한 조직에서는 피해자가 결국에는 가해자가 되는 악순환이 사라지지 않는다. 가해자도 한때 피해자의 위치에 있어봤기에 누구보다 상대방의 약점을 잘 알기 때문이다. 마치 초능력을 얻은 것처럼 말이다.

—— 해석노동 권하는 공감

집 근처에 조그맣고 허름한 식당이 있다. 집에서 먹는 밥처럼 음식이 입에 맞아서 저녁 식사 때마다 들르곤 했는데, 70대쯤 되어 보이는 할머니가 혼자 꾸려나가는 식당이었다.

식당 한편에는 항상 텔레비전이 켜져 있었는데, 주인 할머니는 손님을 기다리면서 텔레비전을 시청하다가 손님이 오면 주문을 받곤 하셨다.

식당에서 텔레비전을 보다가 굿네이버스, 세이브더칠드런, 국경없는의사회 같은 구호단체의 광고가 나오면 할머니는 매번 재빨리 채널을 돌리셨다. 앙상하게 뼈만 남아서는 먹은 것도 없이 배만 볼록하게 나온 아이들이 얼굴에 앉은 파리를 쫓을 힘도 없이 눈만 끔벅거리는 영상에 연예인의 안타까운 목소리가 흐르는 광고들이었다.

한번은 할머니에게 왜 그렇게 갑자기 채널을 돌리시냐고 물었는데, 너무 가여워 보고 있으면 기분이 언짢아져서 채널을 돌리지 않을 수가 없다고 하셨다. 지금 돌아보니 그 할머니는 아마도 공감지수가 높은, 아니 기질적으로 감정이 풍부한 분이 아닐까 하는 생각이 든다. 식당 할머니는 기아에 허덕이며 고통스러워하는 아이의 모습을 보면 그 감정이 자신에게 전해질까 봐 미리 공감을 회피하는 행동을 했다. 공감 피로를 사전에 차단한 것이다.

자밀 자키Jamil Zaki는 《공감은 지능이다》(심심, 2021)에서 '지능이나 외향성 등 심리를 이루는 요소는 변할 수 없는 기질적

특징'이라는 고정주의와 '심리를 이루는 요소는 바꾸려고 노력하면 그 수준이 달라질 수 있다'는 유동주의 두 진영을 소개한다. 그러면서 공감의 수준이 사람마다 기질적으로 고정되어 있는 것이 아니라 개인의 마인드셋mindset이 어떻게 설정되어 있느냐에 따라 바뀔 수 있음을 여러 실험 결과를 토대로 설명한다. 즉, 사람마다 고정주의와 유동주의 가운데 무엇을 믿느냐에 따라 공감의 정도나 수준이 달랐다. 고정주의를 믿는 사람들은 자신과 모습이나 생각이 비슷한 사람들에게는 미미하게나마 공감했지만, 외부인들에게는 공감하지 않았다. 이와 대조적으로 유동주의를 믿는 사람들은 인종적으로나 정치적으로 자신과 다른 사람들에게도 공감했다.

감정은 오래전에 프로그램된 '본능'이라는 심리학자 윌리엄 맥두걸William McDougall의 의견에 여전히 많은 사람이 동의하는 듯하지만, 자키는 감정은 생각에 기초해 만들어진다고 반박한다. 생각을 달리함으로써 다르게 느끼기를 선택할 수 있다는 것이다.

텔레비전에서 예능 프로그램을 보다 보면, 갑자기 눈물 흘리는 연기를 요청받은 배우가 잠시 집중한 뒤 금세 눈가에 눈물이 가득 고이는 연기를 해서 사람들을 놀라게 하곤 한다. 이

때 배우에게 눈물 연기의 비결을 물으면, 자신이 예전에 경험한 슬픈 일을 생각한다고 답한다. 생각이 감정을 불러일으킬 수 있음을 증명해 주는 사례이다.

감정이나 공감의 수준은 초기 설정값처럼 개인마다 고정된 것이 아니라 경험이나 학습, 상황에 따라 얼마든지 유동적으로 변할 수 있다. 한 사람의 조직 구성원은 미리 주어진 공감력을 통해 수동적으로 관계를 맺는 것이 아니라 조직의 상급자가 어떤 사람이냐에 따라 능동적으로 공감력을 발휘할 수 있을 것이다. 승진에 대한 욕구가 강한 사람이라면 권력이 있는 사람이 가까이 있을 때 그 사람에 대한 공감력을 더욱 끌어올리고 그 결과 그 권력자를 더욱 잘 읽어낼 수 있도록 노력할 것이다.

한편 권위를 앞세워 해석노동을 유도하는 분위기를 조성하는 상급자가 가까이 있을 때도 마찬가지로 능동적으로 그 상급자와 인위적으로 공감하려는 노력을 해야 할 것이다. 이때에는 식당 할머니처럼 채널을 돌릴 자유조차 없는 상황에 맞닥뜨린다. 그 조직에서 나오지 않는 한 해석노동을 받아들여야만 하는 것이다. 그 해석노동에 대한 공감력을 발휘하는 것은 전적으로 조직 구성원에게 주어진 몫이다. 그 공감력의 정

공감과 해석노동

도에 따라 구성원들끼리의 경쟁에서 살아남는 자와 뒤처지는 자가 정해질 것이다.

공감의 이중성에 대해 논한《매일경제》김인수 기자의 칼럼은 지인에게 들은 어느 회사의 임원 이야기로 시작한다.• 그 임원은 최고경영자CEO의 의중을 기가 막히게 알아채고 아부도 잘하지만, 부하직원들이 자기 때문에 얼마나 괴로워하는지는 전혀 알지 못해 소시오패스라고 소문이 날 정도라고 한다. 상급자인 CEO에게는 엄청나게 공감을 잘하면서 신기하리만치 하급자들의 고통은 전혀 못 느낀다는 것이다.

사이코패스나 소시오패스 성향이 있는 자들은 진정한 공감을 할 수 없을지는 몰라도 얼마든지 상대방의 곤란한 처지를 이해하는 것처럼 표현할 수 있다고 한다. 다만 이성적으로만 이해할 뿐 연민의 감정은 못 느낀다. 즉, 남의 고통을 느끼는 능력이 결여되어 있다.

그 임원은 직급이 낮은 시절부터 상급자에 대한 수준 높은 이해력을 바탕으로 공감하는 연기를 잘했을 것이다. 그러한

• 김인수 기자,〈남의 입장에서 생각하는 능력이 사악해질 수 있는 이유〉,《매일경제》, 2017년 11월 10일.

능력을 인정받아 임원까지 올라갔을지도 모른다. 공감력을 상급자에게만 인위적으로 발휘하는 그 임원은 해석노동을 주도하고 주변으로 전파하는 전형적인 인물이라고 할 수 있다.

칼럼에서 강조하듯이 "역설적이지만 남의 처지를 더 잘 '이해'하는 사람, 다시 말해 상대의 관점에서 상황을 파악할 수 있는 사람이 상대에게 더 큰 고통을 줄 수 있다." 상급자에 대한 임원의 뛰어난 이해력은, 본인이 하급자였던 시절의 경험에서 학습한 결과일 수 있다. 그때의 경험으로 습득한 지식이 공감력을 높이는 바탕이 되었을 것이다. 그리고 그 공감력을 상급자에게 발휘해 임원의 자리에까지 오를 수 있었다. 그런데 그 공감력이 하급자를 향할 때는 대상을 고통스럽게 하는 무기가 된다.

이러한 메커니즘은 군대에서 가장 잘 나타난다. 이병 시절에 쓰라린 경험을 하고 일병, 상병을 거쳐 병장 계급장을 달게 되면 이병 시절의 처지를 너무나도 잘 아는 만큼 어떤 부분을 건드리면 후임병을 가장 고통스럽게 할 수 있는지 잘 안다. 공감력을 발휘하지만 후임병의 고통을 느끼지는 못하는 것이다. 소시오패스나 사이코패스 성향의 임원이나 군대 선임은 상대방의 입장을 파악하는 이해력은 높을지 모른다. 하지만 공감

공감과 해석노동

의 표현은 오로지 상급자에게로 향한다.

관점 바꾸기, 다시 말해 상대방의 입장에서 생각하는 능력 자체는 좋은 것도 나쁜 것도 아니다. 이를 활용하는 사람이 사기꾼이나 소시오패스라면, 그 능력을 사악한 데 쓸 것이다. 내 지인이 일하는 회사의 임원이 바로 그런 사람이다. 반면 상대방의 고통에 함께 아파하는 따뜻한 '감정'을 가진 사람이라면, 그 능력을 활용해 타인을 도울 것이다. •

이처럼 사람은 어떤 환경에 놓여 있는지에 따라 공감력을 좋게 발휘할 수도 있고 나쁘게 발휘할 수도 있다. 빼어난 이해력을 발휘해 임원까지 승진할 수 있었던 사람은 해석노동을 권하는 조직에서 잘 적응해 성공한 것일지도 모른다. 해석노동을 권하는 환경에서 위를 향한 자발적 순응의 결과가 아래로 향하는 자발적 공감의 결과를 보장하지는 않는다. 오히려 해석노동을 권하는 조직 환경에서 승진을 못 하거나 성공하지

• 김인수 기자, 앞의 기사.

못하는 사람은 스스로 그 해석노동을 기피했을 것이다.

—— 조직에서 공감의 의미

폴 블룸Paul Bloom은 《공감의 배신》(시공사, 2019)에서 공감의 개념을 '다른 사람의 입장에서 세상을 경험하는 행위'라고 비교적 간단하게 정의한다. 블룸은 공감을 정서적 공감과 인지적 공감으로 구분한다. 그리고 공감의 역기능을 강조하면서 정서적 공감보다는 인지적 공감의 효능을 강조한다.

정서적 공감이란 다른 사람의 고통이나 어려움을 알게 될 때 그 정서가 바로 전염되어 고통이나 어려움을 자신이 경험하듯 느끼는 것이다. 반면에 우리에게는 다른 사람의 머릿속에서 벌어지는 일을 이해하는 능력이 있다. 무엇이 그를 움직이게 하는지, 무엇이 그에게 즐거움과 괴로움을 안겨주는지, 그가 어떤 상황에서 굴욕감을 느끼고 어떤 상황에서 존중받는 기분을 느끼는지 이해할 수 있다. 그가 느끼는 괴로움을 똑같이 느끼기 때문이 아니라 직접 경험하지 않고도 그가 고통 가운데 있다는 사실을 이해한다는 뜻이다. 이것이 바로 인지적 공감이다.

인지적 공감은 정서적 공감과 달리 도덕관념이 없다. 성공

공감과 해석노동

한 사기꾼, 성공한 고문 기술자는 인지적 공감 능력이 매우 뛰어나다. 사이코패스나 소시오패스는 상대방 입장을 너무 잘 이해하기 때문에 희생양에게 쉽게 접근할 수 있다. 인지적 공감은 도덕적으로 중립적이기 때문에 인지적 공감을 발휘하는 주체가 누구냐에 따라 공감력이 선하게 사용될 수도 있고 악하게 사용될 수도 있다.

직장 생활을 하다 보면 상급자의 마음을 직감적으로 잘 헤아리는 사람이 있다. 상급자의 의중을 헤아리는 그 행위가 다른 사람들 눈에는 아무리 진정성 없어 보여도 수혜자인 상급자는 흡족해하기만 한다. 이때 상급자의 마음을 헤아리는 것은 정서적 공감이 아니다. 직장 생활을 하다 보면 도덕과 양심을 거슬러 처세해야 할 때가 있다. 정서적 공감은 도덕적·양심적으로 편향된 공감이다. 그러므로 정서적 공감력이 높은 직원은 처세술에 약하거나 관심이 없을 개연성이 크다.

조직에서의 처세를 위해 상급자에게 공감을 발휘하는 것은 인지적 공감이다. 승진을 위해 상급자에게 보내는 공감이나 동료나 아래 직원에게 보내는 공감 모두 인지적 공감이다. 동료나 하급자에게 정서적 공감을 발휘하는 사람은 남을 이기고 승진해야 한다는 처세관을 쉽게 확립하지 못할 것이다.

조직 구성원 사이에, 특히 동료 사이에 인지적 공감만 팽배하다면 조직의 분위기는 삭막하고 각박할 것이다. 동료애가 돈독한 신입 직원들이라 하더라도 시간이 흘러 승진 시기가 되면 유대가 깨어지기 쉽다. 첫 번째 승진 시기부터 동료가 경쟁 상대가 되어버리는 것이다.

블룸은 인지적 공감이 정서적 공감보다 바람직하다고 강조한다. 그런데 직장 생활을 하면서 처세에 능한 직원들을 경험해 보니 정서적 공감도 인지적 공감도 아닌 '직업적 공감'이 가장 냉혹하고 현실적인, 생존 전략으로서의 공감이 아닌가 하는 생각마저 든다.

공감과 해석노동

4

해석노동에 맞서기

—— 젊은 리더의 늙은 갑질

2014년 조현아 대한항공 전 부사장의 '땅콩 회항' 사건으로 온 나라가 들썩였다. 다음은 위키백과에 소개된 사건의 내용이다.

2014년 12월 5일, 대한항공 086편은 뉴욕 존 F. 케네디 국제공항에서 한국으로 향할 예정이었다. 이륙하기 전에 대한항공 객실본부장이었던 조현아 부사장이 접시 위가 아닌 뜯어지지 않은 봉지 속에 있는 마카다미아를 객실 승무원으로부터 받았다. 대한항공은 마카다미아가 나무 견과 알레르기를 일으킬 위험 때문에 봉지째로 전달한 뒤 고객이 뜯어먹도록 규정하고 있었다.

이에 마카다미아 서비스 규정을 잘 알지 못했던 조현아는 마카다미아 서비스를 빌미로 객실승무원을 심하게 질책했고 사무장 박창진은 사태를 수습하기 위해 조 전 부사장에게 규정을 설명했으나 조현아의 명령으로 사무장은 그녀 앞에 무릎을 꿇고 용서를 애걸하도록 강요받았다고 전해진다. 조현아는 반복해서 그의 손마디를 객실서비스 매뉴얼 모서리로 때리며 모든 책임을 사무장에게 전가했으며 분에 못 이겨 사무장에게 게이트로 다시 돌아가도록 기장에게 전달하라고 강요하였다. 사무장은 기장에게 기내 서비스 문제로 인해 게이트로 돌아가야 한다고 보고했고 조현아의 난동을 인지하지 못한 기장은 단순 기내 서비스 문제로 인지하고 게이트로 리턴한 사건이다.

사건 초기에, 전해진 바에 의하면 사무장과 관련 승무원들은 회사의 압박 및 회유에 의해 회사가 원하는 대로 진술할 것을 강요받았다. 또한 회사의 악의적인 거짓 진술 강요를 용납하지 못한 사무장이 방송사 및 언론 매체에 사건의 전모를 공개함으로써 사건 은폐 및 축소를 모의했던 대한항공 임원과 국토부 조사관의 증거 조작이

해석노동에 맞서기

크게 물의를 일으켰다. 이 사항을 인지한 검찰이 해당자를 조사하여 거짓 진술을 모의하고 참가한 상무를 포함 여러 명을 기소하고 그중에 국토부 조사관 한 명과 조현아 전 부사장은 실형을 선고받고 항소하여 집행유예를 받은 사건이다. •

박창진 사무장이 회사의 압박과 회유에 굴복해 세상에 알리지 않았다면 일반인은 전혀 몰랐을 사건이었다. 하지만 박창진은 해석노동을 거부했다. 박창진에게 해석노동을 강요한 조현아 전 부사장은 당시 41세였다. 승무원이 객실서비스 매뉴얼대로 마카다미아를 제공했는데도 조 전 부사장이 규정을 잘 알지도 못한 채 오히려 서비스의 하자를 지적하는 우스운 상황이 벌어졌다.

젊은 나이에 부사장 지위에 오른 사람이라면 적어도 조직 내에서는 거리낌 없이 행동할 수 있으며, 부사장의 말 한마디에 따라 조직의 의사결정이 이루어지기 때문에 직원 위에 군림하고자 하는 유혹이 상존할 것이다. 이러한 위치에 있는 리

• 〈대한항공 086편 회항 사건〉, 위키백과(https://ko.wikipedia.org).

더가 수직적이고 권위적인 조직 문화를 유도한다면 그 조직은 해석노동을 권하는 조직이 된다.

조 전 부사장이 실무자인 박 사무장의 설명을 듣고는 자신의 실수를 인정하고 넘어갔다면 문제 될 일이 아니었으나 객실서비스 업무를 착오 없이 수행한, 아무 잘못 없는 직원을 윽박지르며 해석노동의 수혜자 신분을 노골적으로 드러냈다. 금수저를 물고 태어난 사실은 차치하더라도 29세 때부터 대표와 임원 등 요직을 차지해 온 조 전 부사장의 생애를 보면, 살면서 자기보다 상급자를 의식할 기회가 있었을까 하는 의문이 들 정도로 남들이 받들어 모시는 위치에서 살아왔을 것이다.

심지어 서울남부구치소에 수감 중이던 2015년에는 여성 전용 변호인 접견실을 조 전 부사장이 독점하다시피 해 다른 여성 재소자들이 불편을 겪고 있다는 내용이 보도되기도 했다. 구치소에서 해석노동의 수혜자인 조 전 부사장을 알아서 모신 게 아닌가 짐작해 볼 수 있는 대목이다.

땅콩 회항 사건이 잠잠해질 무렵 조현아의 여동생 조현민의 갑질 및 인성 논란이 불거졌다. 대한항공 조양호 회장의 딸이자 대한항공 여객마케팅부 전무이던 조현민은 2018년 4월 광고대행사와의 회의에서 대행사 직원에게 유리잔을 던지며 물

해석노동에 맞서기

을 뿌렸다. 이 밖에도 위키백과에 게시된 한진그룹 총수 일가 논란은 27건이나 된다. 그중에서 물벼락 갑질 사건, 대한항공 황제 의전 논란, 집사·수행기사 폭언 논란 등 해석노동 수혜자 입장에서 해석노동 제공자들에게 함부로 하거나 해석노동자 들이 '알아서 기는' 행위에 해당하는 사건이 총 11건으로 파악 된다.[●]

그중 하나가 '정·재계 VIP 수하물 프리패스 논란'이다.

전직 대한항공 직원인 A씨는 26일 《서울신문》과의 인 터뷰에서 "수하물팀에서 총수 일가뿐만 아니라 정·재계 VIP들의 수하물을 '프리패스'시키는 일을 담당했다"면서 "그들의 수하물은 보안 검색도 하지 않고 통과했다"고 말 했다.

그는 "총수 일가의 물품은 주로 그날의 마지막 비행기 를 통해 국내로 들어왔다"면서 "이 물품들이 수하물을 찾 는 컨베이어벨트 위에서 주인 없는 짐처럼 계속 돌고 있 으면 수화물팀 직원들이 달려가 옮겼다"고 전했다. 이어

● 〈한진그룹 총수 일가 논란〉, 위키백과.

"주인 없는 수하물 중에는 일부 적발되지 않은 밀수품들이 있을 수 있어 세관 직원들이 꼼꼼하게 검사를 하는 편이지만 공항 직원이 옮기는 총수 일가의 수하물에 대해서는 검사를 하지 않았다"고 덧붙였다.

실제 대한항공은 VIP 등급을 A1, A2, A3로 구분한 것으로 알려졌다. 특히 조 회장 일가와 극소수의 대기업 총수 등이 포함된 A3 멤버에게는 수하물 대리 운반 서비스가 제공되고 검색 역시 허술하게 이뤄진 것으로 전해졌다.

아울러 A씨는 "관세청뿐만 아니라 농림축산검역본부도 대한항공과 유착돼 있었다"면서 "승무원이 과일 700g만 들여와도 적발되면 난리가 나는데, 조 회장 일가가 해외에서 들여오는 각종 과일이 한 번도 적발되지 않았다는 것은 검역본부 직원들이 알고도 다 눈감아줬다는 증거"라고 폭로했다. 이어 검역본부가 지난 23일 대한항공측에 공문을 보내 직원들의 휴대 물품에 대한 검색을 강화하겠다고 밝힌 것에 대해서도 "뻔뻔하다"고 비판했다.

A씨는 또 "항공사와 관세청 및 세관, 검역본부 사이의 '공항 적폐'는 수십년간 지속돼왔고, 언론에 보도된 내용

해석노동에 맞서기

은 대부분 사실"이라면서 "공항에 근무하는 공항경찰대를 비롯해 국가정보원과 국군기무사령부 등도 그동안 공항이 '좌석 업그레이드'로 대표되는 각종 민원의 온상이었고 'VIP 프리패스'가 존재한다는 사실 정도는 다 알고 있을 것"이라고 말했다. •

대한항공 직원뿐만 아니라 관세청, 농림축산검역본부 같은 공무원 집단도 알아서 해석노동자가 된 셈이다. 그야말로 '알아서 긴' 것이다.

갑질과 관련한 해석노동 수혜자가 비단 한진그룹 총수 일가만은 아닐 것이다. 어쩌면 해석노동은 인간의 본능과도 같은 면이 있다. 사람들로부터 끊임없는 의전을 받는 위치라면 그 자리에 익숙해져 다른 사람의 기분이나 입장을 의식하지 않게 될 것이다. 동시에 다른 사람들이 자신을 어떻게 생각하는지에 대한 자기 인식 감각이 점점 무뎌질 것이다.

인간은 좀 과하다 싶을 만큼 자기가 지금 무엇을 하고 있고

• 이혜리 기자, 〈"대한항공 수하물 프리패스, 정·재계 VIP리스트 있었다"〉, 《서울신문》, 2018년 4월 26일.

왜 하는지 설명하길 좋아한다. 인간의 이런 설명 능력은 반성하고 사유하는 능력과 함께 기억, 인지, 생각, 느낌 등을 통해 자신을 인식하는 능력에 바탕을 두고 있다. 심리학자들은 인간의 이러한 자기 인식 능력을 메타인지metacognition라고 부른다. 메타인지는 '다음에after' 혹은 '넘어서서beyond'를 뜻하는 메타meta와 인지cognition의 합성어로, '자기 자신의 생각에 대해 생각하는 능력'을 의미한다.

인지과학자인 스티븐 M. 플레밍Stephen M. Fleming은 《나 자신을 알라》(바다출판사, 2022)에서 인간이 메타인지를 하게 되는 요인을 설득력 있게 소개한다. 플레밍에 따르면, 인간은 불확실성을 추구하거나 드러냄으로써 자기 감각을 의심하는 능력인 메타인지를 확보하게 된다. 또 자기 행동을 모니터하는 능력은 메타인지의 필수 요인이다.

같은 책에서 플레밍은 인간이 외부의 자극이나 도움 없이도 스스로 자기 인식을 모니터하고 있음을 보여주는 두 가지 실험을 소개한다. 첫 번째 실험에서는 참가자들이 스스로 오류를 깨닫는 데 걸린 시간이 외부 자극에 가장 빨리 반응했을 때 걸린 시간보다 0.04초가 짧다는 사실을 알아냈다. 이는 인간이 효율적인 자체 계산을 통해 자기 잘못을 모니터하고 탐지

　해석노동에 맞서기

할 수 있음을 입증한 것이다.

첫 번째 실험으로부터 20여 년이 지난 뒤 진행한 두 번째 실험에서는 뇌전도electroencephalograph를 통해 까다로운 과제를 수행 중인 피험자들이 오류를 범하면 0.1초가 지나기도 전에 독특한 뇌파가 관찰된다는 사실을 발견했다. 실수를 지적받기도 전에 사람들은 자신의 실수를 아주 빠르게 스스로 인식할 수 있음을 확인한 것이다.

인간의 메타인지인 자기 인식 능력은 스스로를 관찰하고 모니터한다는 의미인데, 여기서 메타인지를 논하는 이유는 해석노동 수혜자들의 자기 인식 능력에 의문이 들어서이다.

플레밍은 인간의 뇌에서 자기 인식이 사라지는 경우를 다양한 실험을 통해 알려준다. 익숙하거나 이미 숙련도가 높은 과제를 수행하는 경우 인간은 딴생각을 하게 되는데, 기술이 좋아질수록 자기 인식이 불필요하다고 생각하기 쉽기 때문이다.

앞서 예로 든 조현아 전 부사장 같은 천상천하 유아독존식 리더 유형이나 갑질 논란을 불러일으킨 한진그룹 총수 일가를 보면, 해석노동 수혜자는 오류를 감지하는 자기 조절 인식이 둔감한 듯 보인다. 익숙한 환경에 놓이면 자신이 남들에게 어떻게 비칠까 의식하지 않게 된다. 특히 주위 사람 모두가 자신을 의식하는 환경에 오래 놓인다면 더욱 그럴 것이다.

어쩌면 애초에 자기 인식을 평가할 도덕적·상식적 기준이 없거나 배울 기회가 없어서일지도 모른다. 어린 시절부터 오랜 시간 금수저 신분으로 지내다 보면 그 기준을 망각하거나 아예 배우지도 않게 된다. 진심이든 사용종속관계로부터 나오는 연기이든 간에 해석노동을 제공받는 자들에게 자기 인식 능력을 기대하기는 어렵다. 특히 젊어서부터 낙하산으로 오랜 기간 조직의 피라미드 꼭대기에 있던 자들은 해석노동의 최대 수혜자로서 틀림없이 해석노동의 맛에 중독되었을 것이다.

또 한 가지 짚고 넘어갈 점이 있다. 갑질을 하는 순간에 그들은 창피함을 모르는 사람처럼 행동한다는 사실이다.

집단행동 설계 전문가인 제니퍼 자케Jennifer Jacquet는《수치심의 힘》(책읽는수요일, 2017)에서 죄책감과 수치심의 개념을 구분하고 수치심이 규범으로 작용할 수 있도록 제안한다. 미국 대학생들에게 죄책감과 창피함, 수치심을 느끼는 상황을 묘사하라고 하고 이를 분석해 보니 학생들은 사사로운 잘못을 저질렀을 때, 예컨대 거짓말하거나 친구 또는 가족을 등한시했을 때, 다이어트를 포기했을 때, 시험에서 부정행위를 했을 때 죄책감을 느끼는 것으로 나타났다. 창피함을 느끼는 경우는 어

해석노동에 맞서기

딘가에 부딪히는 가벼운 사고나 친한 사람의 이름을 까먹는 건망증 따위를 타인이 목격했을 때였다. 수치심은 이보다 공개적으로 더 심각한 결함이 드러났을 때 느끼는 것으로 드러났다. 형편없는 성적이 나왔거나 타인의 감정을 해쳤을 때, 다른 누군가의 기대에 부응하지 못했을 때가 그런 경우였다.

수치심은 종종 자아에 대한 개념(내가 어떤 유형의 사람인가)으로 확대되는 반면, 창피함은 자신이 의도하지 않은 독립적인 사건과 연관된다. 죄책감은 개인 스스로 내면화된 규범에 의존하는 경향을 보인다. 다음은 자케가 수치심과 죄책감을 구별한 내용을 정리한 표이다.

수치심	죄책감
집단이 기준	개인 자신이 기준
동양	서양
집산주의	개인주의
불교, 도교	기독교
관객이 있음	관객이 없음
공개적 감정	사적 감정

자케는 죄책감의 영역이 점점 수치심의 영역을 잠식하고 있다고 주장한다. 수치심은 집단이나 사회가 관객이 되기 때문

에 얼마든지 규범으로서의 기능을 수행할 여지가 있는데, 사회가 점차 개인주의화하면서 개인이 원자처럼 독립적인 주체로 인식되어감에 따라 죄책감의 영역이 커지고 있다는 말이다. 죄책감은 전적으로 개인의 도덕적 양심에 바탕을 둔 감정이기 때문에 타인이 개입할 여지가 없게 된다.

자케가 소개한 주목할 만한 연구 결과에 따르면, 처음 헌혈하는 사람들에게는 종종 외부의 사회적 압력, 이를테면 어떤 집단에 대한 의무 등이 동기로 작용하지만, 이것이 반복되면 자아상이 바뀌어 자신을 기증자로 간주하게 된다고 한다. 이러한 관점이 내면화되면 그 뒤로는 죄책감에 의존해 자기 강화와 규제를 이어간다. 자발적인 환경운동가들을 조사한 또 다른 연구에서는 그들 중 상당수가 환경 문제에 대한 죄책감을 덜기 위해 운동에 참여하는 것으로 나타났다.

다시 말해 수치심은 의무적으로 따라야 하는 사항을 따르지 않은 사실이 외부에 공개될 때 느끼는 감정이라고 할 수 있다. 그런데 집단이나 사회에 대한 의무를 이행하는 동기로 작용하는 이러한 수치심이 반복되면 자아상이 내부로 작용하여 죄책감에 의존해 스스로 자기 강화와 규제를 한다는 것이다.

이러한 죄책감이야말로 자기 인식(메타인지)의 동기로 작용

해석노동에 맞서기

하는 것일 수도 있다. 앞서 언급했듯이 해석노동의 수혜자들은 대부분 자기 인식 감각이 둔해진 상태인데, 사회적 물의를 일으키는 갑질 등을 행할 때 죄책감을 느껴야 함에도 갑질 행위가 끊이지 않는 것을 보면 죄책감을 기대하기에는 무리가 있어 보인다. 죄책감은 개인이 규범을 내면화해 스스로 절제하는 도덕적 의무에 바탕을 두기 때문에 해석노동 수혜자들 본인에게 맡겨야 한다는 논리로 귀결된다. 사회적으로 어떠한 제재나 개입이 허용될 여지가 없어진다는 의미이다.

수치심의 순기능을 강조하는 자케의 입장에서 해석노동 수혜자들의 가해행위로 인해 해석노동의 피해자가 생기지 않도록 예방하기 위해서는 수치심을 일으키는 집단적 압력이 필요하지만, 문제는 개인주의화한 문화 때문에 가치의 관점이 수치심에서 죄책감으로 전환되고 있다는 점이다. 그 결과, 해석노동 수혜자들이 사회적으로 비난받거나 규탄받을 만한 행동을 해도 수치심을 생각조차 못 하는 불감증에 걸려 있다. 그리고 사람들이 보기에 죄책감을 느낄 만한 행동을 해도 해석노동을 오래도록 제공받은 수혜자들은 죄책감 같은 자기 인식을 하지 않거나 못하게 되어 해석노동 수혜자의 자리에서 내려오지 못하고 해석노동의 혜택에 중독된 채로 있는 것이다.

배려를

꾸준히

받으면

사람을

다배려

놓는다[●]

〈배려〉라는 시는 평소 우리 사회에서 배려를 받는 수혜자들에게 경각심을 불러일으킨다. 여기서 '배려'를 '해석노동'으로 바꿔도 손색이 없다. 배려는 상대방의 처지를 생각해 자발적으로 돌봐주고자 애쓰는 마음인데, 해석노동은 수동적으로 상급자에 대해 애쓰는 의식적인 노동이라 할 수 있다. 배려를 오랫동안 받으면 고마움을 느끼기보다는 당연한 대접이라고 생각하기 쉬운데, 조직 내 상하관계의 규율을 통해 해석노동이라는 강제적 의식 노동의 혜택을 오랫동안 받으면 그 수혜자가 권위와 특권의식에 사로잡히게 되는 것은 시간 문제이다.

● 이환천, 〈배려〉.

해석노동에 맞서기

—— 이명박과 문재인의 공감 격차

빈부 격차, 임금 격차, 학벌 격차 등등 '격차'라는 단어가 들어가는 말에는 호감이 가는 게 거의 없다. 부자는 더욱 부자가 되고 가난한 사람은 가지고 있던 것마저 빼앗기게 되리라는 마태 효과처럼 양극화를 떠올리게 하는 용어가 격차이다.

이 격차라는 용어를 공감과 연결해 개념화한 학자가 있다. 캐런 메싱Karen Messing은 《보이지 않는 고통》(동녘, 2017)에서 학자나 사회적 지위가 상대적으로 높은 사람들과 사회적 지위가 낮은 노동자들이 분리되는 것을 목격하고 그에 따른 경험의 차이를 '공감 격차'라고 부른다. 메싱은 노동자들이 반복적으로 신체에 부담을 주는 작업을 하고 구부정한 자세로 일하느라 생기는 직업병을 '보이지 않는 고통'으로 규정한다. 메싱은 병원 청소 노동자, 은행원, 마트 계산대에서 서서 일하는 노동자들의 근골격계 질환 발병 원인을 규명하기 위해 고용주나 과학자들과 싸워나가는 과정을 《보이지 않는 고통》에서 상세하게 기술한다.

메싱은 과학자들이 노동자의 직업병을 진단할 때 노동자의 입장에서 접근조차 하지 않음을 강조하는데, 이러한 공감 격차의 예가 비단 과학자뿐만은 아닐 것이다. 우리 모두일 수 있다.

메싱은 공감 격차가 사회계급과 연관되어 있다며, 자신을 응대하는 마트 계산원을 앞에 두고서 딸에게 "잘 봐, 너 학교에서 공부 열심히 안 하면 저 아줌마처럼 계산대나 보게 되는 거야"라고 말했다는 어느 프랑스인 고객의 일화를 소개한다. 이는 현재까지 우리나라에서도 낯설지 않은 이야기이다.

메싱은 외상과염(테니스 엘보라고도 알려져 있는 근골격계 질환)이라는 질병을 진단할 때의 상황을 예로 들어 공감 격차가 발생하는 상황을 설명한다. 외상과염을 테니스를 두 시간쯤 쳐서 생긴 결과라고 자신 있게 진단하면서도, 반년간 주당 50시간씩 전선을 잡아당기고 벗겨내는 업무가 정확히 같은 근골격계 질환을 일으킬 수 있다는 사실은 받아들이지 않을 의사들이 많다는 것이다.

또한 장시간 서서 일하는 노동자에게 발생할 수 있는 직업병에 대한 연구를 학술지에 게재하고자 저명한 학술지 편집장을 찾아갔지만, 그는 서서 일하는 노동자들의 문제에 관심을 보이지 않았다. 대신 박물관을 천천히 걸을 때 다리와 허리에서 느껴지는 불쾌한 감각인 '박물관 피로museum fatigue'를 상기시키자 편집장은 박물관 피로가 유망한 연구 흐름이 될 것이라며 흥미를 보였다고 한다. 편집장은 장시간 서서 일하는 노동

해석노동에 맞서기

자에게는 공감을 못 했지만, 자신이나 가족이 박물관에서 시간을 보내면서 경험한 박물관 피로에는 관심을 보인 것이다.

이처럼 사회적으로 지위가 낮은 직군에 종사하는 노동자들은 그들보다 사회적 지위가 높은 사람들에게 공감받기 어렵다. 사람들은 자기보다 아래인 이들을 우러러보지 않는다. 자기보다 높은 곳에 있는 이들을 우러러보기 마련이며, 우리는 그렇게 사회화되는 것이 정상이라고 훈육받아 왔다. 이러한 훈육과 사회적 분위기는 해석노동을 정당화하는 구조로 이어진다. 사회 문제를 규명하고 원인을 찾고자 하는 학자나 정책 결정자가 경험적으로 공감하지 않거나 공감하지 못하는 분야는 공감 격차로 인해 문제의 원인이 그대로 덮일 개연성이 높다.

내가 아닌 상대방의 입장에서 생각하고 느끼며 행동하는 것을 공감이라고 한다면 사람마다 공감을 느끼는 지점과 공감의 정도가 다를 것이다. 하지만 추정컨대 높은 사회적 지위에 오래 머물러 있는 사람과 낮은 사회적 지위에 오래 머물러 있는 사람을 비교해 보면 후자가 사회적 공감도가 더 높을 것이다. 또한 일찍이 낮은 사회적 지위에서 점점 높은 곳으로 이동한 사람은 그 과정에서 경험을 어떻게 했느냐에 따라 공감도가 달라질 것이다.

한때 베스트셀러였던 이명박 전 대통령의 자서전 《신화는 없다》(김영사, 1995)를 보면, 이명박이 자신에게 닥친 위기를 극적으로 극복하는 대목들이 나온다. 그중 하나는 대학 시절 운동권으로 낙인찍혀 졸업 후 현대건설에 입사할 수 없게 되자 박정희 대통령을 수신인으로 하여 청와대에 편지를 보낸 일이다. 편지에 글쓴이의 '전력'을 밝히고 학생 운동의 순수성과 그 충정을 토로한 뒤, 사회 진출을 막는 당국의 처사를 강도 높게 비판했다. 이후 청와대의 국영 기업체 취업이나 유학 권유를 거절하고 우여곡절 끝에 현대건설 면접시험을 거쳐 입사하는 극적 반전을 보여준다.

두 번째 대목은 신입사원 신분으로 현장 경리 업무를 수행하던 시절 원리 원칙대로 고참 현장소장에게 가불을 해주지 않고 맞선 일과 공사장 인부들로 구성된 폭도로부터 목숨 걸고 금고를 지킨 일화이다. 《신화는 없다》에 따르면 금고 열쇠를 내주지 않고 끝까지 금고를 지킨 이유는 회사 때문이 아니었다고 한다. 사명감 따위는 생각할 겨를도 없었고 단지 굴복당하기 싫은 본능 때문이었다고 한다. 엎드린 채로 발길질이 들어오는 상황에서 그가 안고 있던 것은 금고가 아니라 자존

해석노동에 맞서기

심이었다.

　세 번째 대목은 태국 고속도로 공사 수익에 대해 당시 정주영 사장에게 직언한 일화이다. 말단 경리인 이명박은 태국 고속도로 공사에서 손해가 발생하고 있음을 직감하고 부장에게 보고했지만 부장은 손실의 책임을 이명박을 비롯한 아랫사람에게 전가했고, 이를 알아차린 정주영 사장이 결국 이명박을 공사 책임자로 승진시켰다는 일화이다.

　이명박은 20대에 이사, 30대에 사장, 40대에 회장으로 고속 승진해 자서전 제목과는 달리 샐러리맨 사이에서는 살아 있는 신화 같은 존재로 부각되었다. 그가 현대건설에서 파격 승진을 하면서 경부고속도로를 시공할 당시 출근 시간을 7시에서 6시로 앞당기자 여직원들이 화장 시간 때문에 이른 출근이 너무 힘들다며 남자들보다 30분 늦게 출근하게 해달라고 건의했다. 하지만 이명박은 저녁에 기초화장을 해놓고 잠들라는 말로 일축했다.

　또한 서열대로 올라오는 결재 방식의 느슨함이 경쟁력의 장애 요인이라고 판단해 결재 방식을 바꾸었다. 과장, 차장, 부장, 이사, 부사장, 사장, 회장 순서로 결재를 올리는 과정에서 처음 기획한 담당자의 의도가 왜곡될 여지가 있으며, 시간 싸움 면에서도 비효율적이라는 이유에서였다.

《신화는 없다》에서 마지막으로 인용하고 싶은 부분은 "사원이 직속 상사를 이겨내지 못한다면 결코 최후의 승자가 될 수 없다"라는 대목이다. 현 직장의 상사와 맞지 않는다고 사표를 내던지고 다른 회사로 간다고 하더라도 거기에 더럽고 치사한 상사가 없으리라는 보장이 없기 때문에 적성이 맞지 않으면 적성을 바꿀 수 있는 능력을 키워 어떤 상사와도 일할 수 있도록 하라는 내용이다.

《신화는 없다》는 2022년 1월 26일 기준으로 165쇄를 찍었다. 유명한 영화를 흥행 당시에 못 보고 한참 시간이 지나서야 보고는 탄식하며 흥행의 이유를 알게 되듯 한참 늦은 시점에 이 책을 읽게 되었다. 중년의 나이가 아니라 20대나 30대 초반에 이 책을 접했더라면 읽으면서 두 주먹을 몇 번이나 불끈 쥐었을까 하는 생각이 들 만큼 이명박의 삶에는 다이내믹한 열정과 반전이 있었다. 마치 한 편의 영화를 본 느낌이었다. 노력하면 반드시 보상이 뒤따른다는 불변의 진리를 몸소 실천한 인생역전의 전설이라고 할 만하다.

하지만 한편으로는 중년의 직장인 입장에서 이 자서전이 그리는 이명박의 삶이 현시점에서도 과연 공감할 수 있는 삶인

　　　　　　　해석노동에 맞서기

지 고민할 만한 요소가 있어 보인다. 그는 운동권 전력이 있다는 이유로 기업에서 받아주지 않는 불합리함을 고발하고자 직접 대통령에게 편지를 쓰고, 신입 경리 시절에 공사 현장의 관례인 가불을 거부하며 고참 소장과 맞섰다. 이 밖에도 아무도 거역하지 못하는 상황에서 전장의 전사와 같이 우두머리와 맞서서 인지도를 급상승시키는 패턴을 보인다. 이러한 패턴이 전략인지 아니면 본능인지는 모르겠지만, 초고속 승진의 기반이 된 것은 이러한 지름길 같은 패턴 덕분이었다.

그리고 모든 의사결정이 이명박 단독으로 속전속결 처리된다. 20대에 이사가 될 만큼 현대건설에서 인정받으며 수많은 의사결정을 했고, 그 경험을 바탕으로 30대에 사장, 40대에 회장이라는 타이틀을 달 때까지 그는 본인의 의사결정이 곧 정답이며 하나밖에 없는 해법이라고 생각하게 되었을 터이다.

그는 태국 고속도로 공사 수익에 관해 정주영 사장에게 직언하면서 자신을 모함하는 윗사람들을 보기 좋게 제쳤는데, 조직 내에서 승승장구하면서 주위 사람이나 윗사람에 대한 배려나 공감 의식이 결여되어 있음이 엿보인다. 갑자기 한 시간이나 앞당겨진 출근 시간 때문에 힘들어진 여직원들이 출근 시간을 조금 늦춰달라고 건의했지만, 자신이 제안하고 건의한 사항은 관철하면서도 직원들의 건의는 보기 좋게 거절한다. 결재 단계를 대폭 축소해 담당자가 곧바로 최고 결재권자의 결재를 받도록 바꾼 점은 시간을 다투는 기업에서는 효율적인 개혁이라고 할 수 있다. 4대강 사업을 진행하기 위해 재정평가를 생략한 것 역시 사기업 마인드로 국가를 경영하려는 습관에서 비롯되었을 터이다.

이명박은 분명히 현대건설 재직 시절 도로 공사부터 원자력 발전 설비 공사까지 여러 분야에서 경험을 많이 한 것으로 보인다. 상대방의 입장을 경험해 본 사람이 공감력을 발휘할 가능성이 크다고 한다. 원래 경험이 많으면 상대방의 입장에서 생각할 줄 알고 감정을 느낄 수 있다. 그런데 이명박은 딱 한 사람만 성공할 수 있는 패턴과 경로로 현대건설에서 성공했다. 자신은 우두머리와 '맞짱'을 뜨면서 능력을 과시했지만, 동료나 윗사람은 단지 경쟁자로 간주했을 가능성이 크다. 적성이 맞지 않는 상사를 만나면 자신의 적성을 바꿔야 하며, 적성을 바꾸는 능력이 있다면 어떤 상사와도 일할 수 있다는 말은 이명박 자신의 성공 패턴과 너무나도 상반된다. 그는 경쟁의식이 너무 강하여 상대방을 그저 자신의 의견을 관철하기 위한 도구로 여긴다. 이러한 태도가 자신을 성공의 길로 접어들

해석노동에 맞서기

게 했다고 느낀다면 상대방과의 공감 격차가 너무나도 크다고
할 수 있다.

이제 다른 인물을 조명해 보고자 한다.

고등학교 1학년 때, 소풍을 가잖아요? 소풍을 가면 일
단 버스를 타고 갑니다. 버스를 타고 가서 내려서는 산길
로 올라가게 되어 있죠. 뭐, 저수지를 간다든지 절에 간다
든지… 걸어갈 때 다리 아픈 친구가 뒤처진 거예요. 근데
많은 학생들은 그냥 다리 아픈 친구가 절뚝이면서 뒤처
져 가는 걸 보면서도 그냥 지나갑니다, 자기 앞길만. 그때
문재인 후보가 그 다리 아픈 친구하고 같이 보조를 맞추
면서 걸어갔습니다.

여기서 우리는 독일의 유명한 극작가 브레히트의 〈예
스맨, 노맨〉의 선택의 기로를 확인할 수 있습니다. 브레
히트의 교육극이죠. 그 친구가 이야기합니다. "나는 더
가기 힘드니 너라도 먼저 가라, 너라도 먼저 가서 소풍을
즐겨라. 나는 여기서 기다리겠다." 그때, 브레히트적인
교육극의 선택은 두 가지입니다. 한 친구가 친구를 위해
서 같이 소풍을 포기하든지 아니면 나라도 먼저 소풍을

가서 소풍의 아름다운 이야기를 해줄게, 이게 〈예스맨, 노맨〉인데요, 이때 문재인 군은 독일 브레히트식 선택을 하지 않았습니다. 완전히 한국적인 선택을 합니다. 한국적인 선택이 무엇인지 아십니까? "같이 가~자!"라고 하면서 업어버린 거예요. 업고 걷기 시작한 거예요.

이 미담이 인간 문재인을 가장 적합하게 표현한다고 생각합니다. 같이 가다가 주저앉고, 도시락 같이 까먹고, 하염없이 털레털레 걸어서 도착했는데… 도착하자 30분 안에 또 돌아오게 됐어요. 그때서야 비로소 같은 반 친구들은 확인하게 됩니다. 우리가 소풍을 즐기고 있는 동안에 문재인이라는 친구는 친구를 업고 여기까지 왔다는 거죠. 여기서 1학년 같은 반 학생들은 굉장한 반성과 감동을 받게 됩니다. 돌아올 때는 어떻게 돌아왔겠습니까? 50명이나 되는 같은 반 친구들이 50분의 1씩 자신의 등을 대어줍니다. 아픈 친구를 위해서 업고, 또 다른 친구가 업고, 또 다른 친구가 업고. 그렇게 해서 50명의 학생들을 완전히 하나 된 공동체로 만든 것입니다. 이게 경남고등학교 시절 문재인이 이룩한 아름다운 신화입니다. •

해석노동에 맞서기

문재인 전 대통령의 고등학교 동창인 이윤택 연출가가 소개한 일화이다. 친구를 경쟁 상대로 보지 않고 글자 그대로 동료인 친구로 대한 이야기인데, 너무 드라마 같아서 믿기지 않을 정도이다.

문재인도 이명박처럼 가난한 어린 시절을 보냈다. 하지만 그의 학창 시절을 살펴보면, 삶의 모든 감정과 에너지가 가난 극복에 초점이 맞춰져 있지 않다. 사법고시에 합격할 정도의 지력을 갖추고 태어난 사람이라면 얼마든 개인주의적으로 학창 시절을 보낼 수 있었겠지만 그는 그러지 않았다. 《문재인의 운명》(더휴먼, 2022)이란 책을 보면 그는 사람과 사람 사이의 공감 격차를 줄이기 위한 노력이 몸에 밴 사람처럼 행동했다.

문재인은 초등학교 시절 학교에서 급식으로 강냉이떡과 강냉이죽을 배식받았는데 당시 학교에는 급식을 나눠주는 그릇이 없었다고 한다. 그래서 도시락을 싸 온 아이의 도시락 뚜껑을 빌려서 강냉이죽을 받아먹고, 도시락 뚜껑이 부족할 때는 둘이 번갈아 사용하기도 했다. 그때의 경험 덕분에 그는 참여

● 이윤택, 2012년 대통령 선거 문재인 후보 TV 찬조연설. 김헌식, 《문재인, 그의 리더십을 읽다》(평민사, 2017)에서 재인용.

정부 시절 방학 중 결식아동을 대상으로 처음 급식을 시행할 당시 급식 못지않게 중요한 것이 아이들의 자존심을 지켜주는 일임을 잘 알았다.

가난을 경험하면서 자존심에 상처를 입은 사람은 그 가난을 극복하는 데 모든 에너지와 노력을 쏟는다. 그런 나머지 가난에서 벗어난 뒤 개구리 올챙이 적 생각 못 한다는 속담처럼 가난에 처한 사람들의 처지를 헤아리지 못한다. 어쩌면 자존심에 상처를 입은 가난했던 과거를 잊기 위해 더더욱 가난한 이들을 외면하는 것인지도 모른다.

반면 자신이 경험한 상황을 상대방이 겪고 있음을 이해한다면 공감이 활성화될 가능성이 크다. 그런 면에서 문재인은 공감력을 정책에 반영했다. 급식 못지않게 아이들의 자존심이 중요하므로 수치심을 가라앉히면서 무상 급식을 시행해야 한다는 데 공감한 것이다. 상대방이 노인이든 아이든 그들의 처지에서 생각하지 않는다면 공감력은 발휘될 수 없다. 정책 시행의 주체가 정책 대상의 입장을 헤아리지 못한다면 아무리 좋은 정책이라도 환영받지 못할 것이다.

소개할 일화가 하나 더 있다. 수감 생활을 하던 문재인은 식사 때마다 구치소에서 주는 관식官食이 남아서 비둘기에게 던

해석노동에 맞서기

져 주곤 했는데, 소년수 감방의 소년수들이 창가에 모여 비둘기들이 서로 다투며 밥을 받아먹는 광경을 구경했다. 처음에는 그 광경이 재미나서 구경하는 줄로만 알았는데, 나중에 알고 보니 비둘기에게 던져 주는 밥 덩이가 아깝고 먹고 싶어서 그랬다는 것이다. 그 뒤로 문재인은 감방 동료들의 협조를 구해 관식을 한두 덩이 손대지 않고 통째로 남겨 소년수 감방으로 보내줬다.

무의식적인 측은지심에서 공감이 우러나오기도 하지만, 우리는 이해관계에 있는 자에게 의식적으로 공감을 보이기도 한다. 자신보다 지위가 높고 우러러봐야 하는 사람에게는 인위적으로 공감력을 발휘해야 한다. 이것이 바로 이 책의 주제인 해석노동의 근간이다. 인위적인 공감력을 보이도록 권하는 자들은 대부분 해석노동자들보다 직급이 높거나 통제권이 있는 자들이다. 그렇기에 공감을 인위적으로 발휘할 수 있는지도 모른다. 출세와 성공이라는 분명한 동기가 있기 때문이다. 하지만 사회적 약자에게 공감력을 보이는 것은 다른 문제이다. 대통령이 되기 이전부터 청년 문재인에게는 상대방을 이해하려는 마음이 스며 있었던 듯하다.

이명박과 문재인의 자서전과 평전을 통해 두 전직 대통령의 생애를 간략하게 비교해 보았다. 이명박에게 가난이 강력한 추진력을 발휘하는 원동력이 되었다면, 문재인에게 가난은 상대방을 이해하려는 동기를 부여했다. 이명박에게 가난이 다른 이들과의 경쟁을 통해 성취를 이루도록 도와주는 원동력이 되었다면, 문재인에게 가난은 비슷한 처지에 놓인 사람들을 이해하고 배려하는 공감력을 높여주는 자양분이 되었다. 이처럼 가난이라는 경험이 한 나라의 대통령이 된 사람에게 어떻게 영향을 끼쳤는지에 따라 전혀 다른 리더십으로 발현되었다.

평사원에서 회장의 자리에까지 오른 이명박은 월급쟁이 회사원들에게 감히 넘볼 수 없는 신화 같은 존재였다. 반면 문재인은 인자한 리더십의 상징이다. 이명박의 속도감 있는 추진력 대신 쉽게 지나칠 수 있는 사람들의 어려운 사정을 꼼꼼히 어루만져 주고자 한다. 설사 바로 도와주지 못할지라도 시간을 두고 상대방의 사정을 경청할 줄 안다. 그리고 어려운 상황을 혼자 헤쳐 나아가려고 하기보다는 여럿이 함께 해결하고자 한다.

시사 프로그램에서 정치적 사안을 두고 비평할 때 전문가들이 제일 많이 쓰는 단어가 '프레임'이다. 프레임은 어떤 사물이나 상황을 인식할 때 하나의 관점을 토대로 바라보게끔 틀을

　해석노동에 맞서기

잡아주는 역할을 하는데, 프레임에 따라 상황이나 사안이 전혀 다르게 보일 수 있다. 그러므로 프레임을 어떻게 짜느냐가 중요하다.

인지언어학자인 조지 레이코프George Lakoff는 프레임의 역할을 크게 부각한 인물이다. 레이코프는 가정에서 부모의 역할이 도덕의 기반이 되는 틀로 이어진다고 보고, 부모의 도덕성을 두 가지 모델로 비유하며 보수주의자와 진보주의자로 양분되는 현상을 설명한다. 그는 《도덕의 정치》에서 다음의 두 모델을 소개한다.

엄한 아버지 도덕은 자기관리, 자제, 내부와 외부의 악에 맞서는 것 등의 도덕적 힘과 권위에 대한 존중과 순종에 엄한 가이드라인과 행동 기준을 설정하고, 그것을 따르는 것에 높은 우선권을 준다. 도덕적 자기이익 추구는 만약 모든 사람들이 각자의 이익을 자유롭게 추구할 수 있다면, 그들의 전체적인 이익은 극대화될 것이라고 한다. 보수주의자들에게 자신의 이익 추구는 자제력을 이용하여 자립을 이룩하려는 방식으로 간주된다.

자애로운 부모 도덕에서는 우선권이 매우 달라진다.

도덕적 자애로움에서는 다른 사람을 위한 감정이입, 그리고 도움을 필요로 하는 사람들을 돕는 것이 요구된다. 다른 사람들을 돕기 위해서는 먼저 자기 자신을 보살펴야 하고, 사회적 연결을 발전시켜야만 한다. 그리고 자신에 대해 행복해하고, 충만해야 한다. 그렇지 않으면 다른 사람을 위한 감정이입을 거의 가지지 못하기 때문이다. 도덕적 자기이익 추구는 이런 우선권 안에서만 이해될 수 있는 것이다.[•]

레이코프에 따르면 엄한 아버지 모델에서는 자율·권위·질서·경계·동질성·순수함 그리고 자기이익을 강조하지만, 자애로운 부모 모델에서는 감정이입·양육·자기양육·사회적 연계·공정함 그리고 행복을 강조한다. 자애로운 부모 모델에서는 도덕으로서의 감정이입, 도덕으로서의 양육 등이 우선권을 부여받는다. 여기서 '감정이입'을 '공감'으로 바꿔도 의미가 다르지 않을 것이다.

[•] 조지 레이코프, 손대오 옮김, 《도덕의 정치》, 백성, 2004, 60쪽.

해석노동에 맞서기

── 각성한 시민과 새로운 리더의 출현을
   기원하며

이명박에게 가난은 그 자체로 삶의 원동력이었으며, 가난 극복이 삶의 지혜가 되었다. 그는 가난을 극복하는 과정에서 자기 발전의 추진력이 강하고 다른 사람한테 지고는 못 사는 성향으로 성장한 것으로 보인다. 또한 가족이라는 공동체 구성원에게 책임감이 강한 품성을 보인다. 조직 생활에서도 투철한 사명 의식으로 책임감을 발휘해 조직 발전에 크게 이바지했다. 우리나라가 성장과 발전을 지상과제로 삼고 추진하던 시절에는 궁합이 잘 맞는 성향이라고 할 수 있겠다.

반면 문재인에게 가난은 상대방을 이해하고 공감하려고 하는 촉매제 역할을 한 것으로 보인다. 가난을 극복해 당장 모멸스러운 상황에서 벗어나려고 하기보다 비슷한 처지에 놓인 사람들을 보살피고 헤아리며 그들의 입장에서 느끼고 생각하려는 마음가짐을 가진 듯하다. 다른 사람과의 경쟁보다 동행을 우선시하는 성향이라고 할 수 있겠다.

이토록 성향이 다른 두 전직 대통령의 모습에 레이코프의 두 모델을 대입해 볼 수 있는데, 그러면 각자의 리더십의 성격이 훨씬 잘 보일 것이다. 먼저 이명박의 성향은 엄한 아버지

도덕과 유사하다. 한 가정의 가장이 모든 가족 구성원을 책임 지고 양육하며 보살피는 대신 가족들은 가장의 권위에 순종하고 복종해야 한다. 엄한 아버지라는 책임감 강한 가장이 가정을 잘 이끈다면 나머지 가족 구성원은 그를 따르기만 하면 된다. 엄한 아버지가 그 가족에게는 영웅이자 롤모델이다. 영웅의 이미지인 엄한 아버지 모델이 국가의 리더나 사회의 주요 인사라면 국민은 그 롤모델을 가슴에 품고 성장할 것이다. 여기서 성장이란 능력을 중시해 경쟁을 뚫고 어려운 상황을 이겨내는 것을 의미한다. 어찌 보면 이러한 모델에서는 국가가 국민을 위해 특별하게 하는 일이 많지 않다. 왜냐하면 성공은 국민 개인의 몫이기에 실패 역시 국민 개인의 책임이 되기 때문이다. 이것이 보수주의의 리더십이다.

문재인의 성향은 자애로운 부모 도덕과 유사하다. 자애롭다는 것은 윗사람이 아랫사람에게 사랑을 베푼다는 의미이다. 문재인은 가난을 경쟁심과 승부욕을 발휘하기 위한 명분으로 삼지 않고 타인을 배려하고 공감하는 동기로 삼았다. 자애로운 부모는 권위나 순종의 가치를 우선시하지 않는다. 그리고 상대방의 입장에서 느끼려고 하는 공감이나 감정이입을 중요하게 여긴다. 다수보다는 소수를, 성공보다는 행복을, 능력보

해석노동에 맞서기

다는 공정을, 성장보다는 분배를 중요한 가치로 삼는다. 자애로운 부모 모델을 바탕으로 하는 국가는 국민을 위해 해야 하는 임무가 많을 수밖에 없다. 따라서 큰 정부가 필요하다. 이것이 진보주의의 리더십이다.

조직의 하급자나 사회적 약자가 상대적으로 지위가 높은 상대에게 끊임없이 의식적인 염려와 배려 등을 하는 것을 해석노동이라고 한다면, 이명박과 문재인의 차이가 더욱 두드러진다.

이명박은 평사원에서 회장까지 고속 승진을 한 인물로, 젊은 시절부터 부하직원을 거느렸다. 즉, 해석노동을 하기보다 직원들로부터 해석노동을 받는 기간이 훨씬 길었다. 해석노동의 특성상 상급자보다는 하급자가 상대방에 대한 공감(감정이입)과 배려 등의 정신적 작용을 많이 하게 된다. 권위적이지 않은 성향의 상급자도 부하직원들에게 반복해서 의전이나 대우를 받으면 자신도 모르게 수직적이고 독단적이며 권위적인 성향으로 바뀐다. 따라서 조직의 리더가 우두머리 생활을 한 기간이 얼마나 되느냐에 따라 그가 얼마나 권위적인지 가늠해볼 수도 있다. 이명박은 부하직원으로부터 해석노동을 많이 받아온 해석노동의 수혜자이다. 이러한 성향의 리더가 대통령이 된다면 그 수하의 직원들은 알아서 해석노동을 더욱 적극적으로 하게 된다.

김헌식은 《문재인, 그의 리더십을 읽다》 서두에서 '리더십 모듈화' 현상을 짚었다. 리더십 모듈화 현상은 리더가 누구냐에 따라 구성원들의 행동이 그에 맞춰 따라가는 현상을 말한다. 구성원들이 리더의 성향을 파악하고 그 성향에 맞게 알아서 행동한다는 것이다. 이러한 현상이 강하게 작용하는 조직이라면, 조직 내에서 '침묵의 나선' 현상 또한 강하게 나타날 여지가 많다. 침묵의 나선 현상은 현재의 대세를 거스르는 행위나 표현을 하면 조직에서 고립되거나 소외될까 두려워 의사 표현을 자제하게 되어 결국 다수로 보이는 목소리가 더욱 커지고 다른 이들은 침묵하게 되면서 그들의 의견은 약해 보이는 현상을 말한다. 이는 엘리자베스 노엘레 노이만이 현장 실험 등을 바탕으로 검증했다.

침묵의 나선 현상을 설명하는 용어 가운데 '샤이 트럼프Shy Trump'라는 말이 있다. 미국 대통령 선거에서 도널드 트럼프Donald Trump에 대한 지지를 숨겨온 유권자를 뜻하는데, 트럼프를 지지한다고 하면 트럼프의 인종 차별, 자국 우선주의와 같은 나쁜 이미지와 연결되기 때문이었다. 그래서 트럼프를 지지한다는 의견을 밝히지 않아 선거 결과 예측을 어렵게 만들

해석노동에 맞서기

었다.

국정 운영에서 침묵의 나선 현상이 나타난다면 침묵의 나선 현상의 수혜자인 대통령과 소수의 측근에 의해 정책이 결정될 것이며, 권력이 분산되지 않고 특권층에 집중될 것이다. 시대 정신과 국가의 가치가 성장과 발전에 집중된 시절에는 권력을 독점한 리더가 힘을 발휘할 수도 있다. 그러나 성장 시대가 지나고 다양한 가치가 중요해진 현재에는 엄한 아버지 모델 같은 리더십이 예전만큼 영향력을 발휘하지 못할 것이다.

우리는 사회에서 고립되지 않기 위해 침묵의 나선 현상을 본능적으로 지탱하고 있는지도 모른다. 국가나 조직에 이롭지 않은 행위를 한 지도자나 유명인을 속으로는 비판하지만 실제로 대면하게 되거나 상급자와 부하직원 관계로 만날 경우 대부분은 아무런 비판 없이 하루하루 무탈하게 조용히 넘어가며 일상생활을 영위하고자 한다. 그런데 10여 년 전 침묵의 나선 현상에서 침묵을 깬 행동이 있었다.

청운동 투표소에서 참관인 하고 있습니다. 가카가 오시더군요. 투표하시고 악수 한번 하잽니다. 거부했습니다. 할 이유도 없고 해드릴 맘도 없었습니다. 좀 당황하더니 "젊은 사람이 긍정적으로 살아야지" 하면서 또 악수를 청해왔습니다. 거부했습니다. 영부인이 째려보고 가카도 당황했는지 "부모님 고생하실 텐데 잘 모시라" 하면서 나갔습니다. 당신에게 할 말 참 많지만 이 정도로 해둡니다. 왜 멀쩡한 대학생이 대통령의 악수를 거절했는지 고민해보길 바라요.

18대 대선에서 선거 참관인으로 참여한 대학생이 트위터에 올린 내용이다. 《오마이뉴스》는 악수를 거부한 이 대학생을 인터뷰했다.

－ 왜 악수를 거절했습니까.

"그 사람(대통령)에게 '당신에게 불만이 있다는 사람이 있다'는 걸 보여주고 싶었어요. 대통령은 물론 주변으로부터 보고를 받겠지만, 평소에는 (비서진·측근 등에) 가로막혀 사람들의 의사를 잘 모르는 것 같았습니다. 제가 악수를 거부한 것은 제가 할 수 있는 범위 안에서 가장 효과적이면서 법적 문제가 없어 보이는 방법이었습니다."

해석노동에 맞서기

– 의도를 떠나서 '예의가 아니지 않냐'는 비판도 있습니다.

"제가 예의가 없었다는 것을 부정하고 싶진 않습니다. 다만 전 상급자-하급자 관계가 아닌, 선출직 공무원과 시민의 관계로 '내가 당신에게 불만을 갖고 있다'는 강한 의사 표시를 하고 싶었던 것뿐입니다. '악수는 하고 말을 하는 게 낫지 않냐'고 하던 분도 계시던데 그럴 시간도 상황도 아니었습니다. 그렇다고 피켓을 들면 연행될 수도 있잖아요. 그 짧은 시간에 가장 효과적으로 의사를 드러낼 수 있는 행동이 무엇인지 고민할 결과, 악수 거부라는 답이 나온 것이죠. 그래도 (대통령) 왔을 때 일어나는 등 최소한의 예의는 갖추려고 했습니다."

– 지금 심경이 어떻습니까.

"전 일단 대기업을 갈 생각이 없기 때문에 별 문제가 안 될 거 같아요(웃음). 과거 기록이 남아서 문제될만한 곳에 취업을 준비하고 있진 않습니다. 법을 어겨서 붙잡아 갈 거라면 그렇게 하라는 생각입니다. 그런데 일부 커뮤니티에서 제 개인정보를 캐내고, 욕이 난무하고, 전화가 빗발치는 건 무척 귀찮네요(웃음). 제 주변 사람들이 잘못되지 않아야 할 텐데 말입니다."

- 후에 피해를 볼 수도 있지 않을까요? 두렵진 않습니까.

"주변 분들이 걱정을 많이 해주셨어요. 함께 참관인으로 들어온 어르신은 저를 타이르시기도 하셨고요. '큰일 나는 거 아니냐', '투표장 안이니 조심하는 게 좋지 않겠느냐'는 말도 들었습니다. 대통령실 직원으로 추정되는 분이 제 이름을 묻고 가기도 했어요. 그래도 저는 상관하지 않습니다."•

보통 사람들은 사회적으로 고립될까 두려워 자신의 신념이나 생각을 드러내길 주저하고 대신 침묵을 선택한다. 그 침묵의 무게는 자애로운 부모 모델의 리더보다는 엄한 아버지 모델의 리더 아래에서 더 무겁게 느껴진다. 엄한 아버지 모델의 리더는 복종과 순종을 원한다. 자식(국민)의 의견은 중요하지 않다.

• 김정현 기자, 〈MB 악수 거부 청년 "불만 있다는 표시했을 뿐"〉, 《오마이뉴스》, 2012년 12월 19일.

해석노동에 맞서기

소극적인 행위 같지만 침묵하지 않고 악수를 거부함으로써 자신의 신념을 표현한 한 대학생의 사례는 해석노동자로서 상급자에 대한 해석을 어느 정도까지 해야 하는지, 국가 지도자나 상급자의 해석노동에 대한 감수성이 어느 정도인지 등을 살펴보는 데 도움이 된다.

우리는 사회적 고립에 대한 두려움도 있지만, 상급자에게서 풍겨 나오는 아우라에 질식되어 감히 침묵을 깨고자 각성하지 못한다. 해석노동이 몸에 배어 있는 까닭에 침묵을 깨고자 하는 생각조차 못 한다는 게 맞는 말일지도 모르겠다.

수년 전 TV 예능 프로그램에서 어느 회사의 승진 기준을 묻는 문제가 나왔는데, 정답은 '선풍기 인사'였다. 선풍기 인사란, 대리에서 과장으로 승진시킬 때 직원들의 인사기록지를 선풍기 앞에 던져 선풍기 바람을 타고 가장 멀리 날아간 종이의 주인공을 승진시켜주는 방식이다. 정답을 듣고는 그런 회사가 실제로 있는지 궁금해 찾아보았다.

선풍기 인사의 주인공은 2007년 7월 28일 방영된 〈MBC 스페셜〉 '야마다 사장, 샐러리맨의 천국을 만들다!'를 통해 한국 사회에 충격을 안긴 인물이었다. 야마다 아키오山田昭男는 1931년 중국 상하이에서 상하이모직을 운영하던 부모 사이에서 태어났다. 태평양전쟁으로 일본에 돌아와 아버지가 설립한 야마다 전선 제조소에 취직했으나 아버지는 연극에 빠진 그를 해고해 버렸다. 아버지 회사에서 나와 1965년 8월 1일 함께 연극을 하던 동료들과 창업했는데, 그 회사가 미라이공업이다. 회사 이름을 '미라이좌'라는 극단 이름에서 따왔다고 한다. 미라이공업이 샐러리맨의 천국으로 불리는 이유는 타의 추종을 불허하는 노동 조건과 복지 제도에 있다. 전 직원 정직원, 70세 정년과 종신 고용, 선풍기 인사 등 실로 파격적인 노동 조건이다. 또 이 회사는 다음 연도 목표 설정과 당해 연도 성과 점검을 직원들이 알아서 하게끔 한다. •

미라이공업은 사람 중심의 경영을 한다는 점이 가장 큰 특징인데, 특히 해석노동을 권하는 환경인 위계질서를 조성하지 않는다는 점이 흥미롭다. 조직 이론이나 경영계의 문법은 조직 구성원을 위한 내용이 아니라 그 조직을 이끄는 리더를 위한 지침일 뿐이다. 그러나 야마다 아키오는 조직 구성원인 사람을 위해 경영한다. 이 회사에서는 상급자를 대상으로 하는

• 김환표, 〈야마다 아키오: "기업은 사원을 위해 존재한다"〉, 《인물과사상》, 2019년 2호.

해석노동에 맞서기

해석노동이 발생할 여지가 없거나 적을 것이다. 그야말로 새로운 리더의 출현이다.

해석노동의 업무 강도는 하위 직급으로 갈수록 세지는 법이다. 해석노동에 일상적으로 노출되어 있으면 윗사람에 대한 배려나 공감이 몸에 배어 있어 상급자에 대해 올바른 판단을 하기 어려워진다. 설사 직언하고 싶은 의견이 생기더라도 침묵이 조직 생활에서 더 안전한 선택이기 때문에 결국 말하지 못할 것이다.

해석노동의 업무가 경감되는 분위기를 조성하기 위해서는 위로부터의 노력과 아래로부터의 노력이 함께 이뤄져야 한다. 위로부터는 야마다 아키오처럼 사람 중심의 경영을 최우선으로 하려는 철학적 노력이 필요하다. 그리고 아래로부터는 무조건 사람 좋은 상급자가 나타나기를 기다리기보다 한 나라의 최고 지도자가 권하는 악수마저 거부할 정도로 각성된 자세가 요구된다.